大間違いのアメリカ合衆国

倉山満

KKベストセラーズ

はじめに

私はアメリカ大統領選挙に関し、「トランプか、その他」と言い続けてきました。別に予言のつもりはなかったのですが、この本の原稿を書いている時点で早々と、共和党の候補者はドナルド・トランプに、民主党の候補者はヒラリー・クリントンに決まりました。

私が語ったのは、予言ではなく大局観です。民主党はヒラリーが有力でしたが、サンダースがなろうが誰だろうが変わらず。対する共和党もトランプ以外なら大して変わらず。だから、「トランプか、その他」なのです。

大局観とは、日本の運命を「トランプか、その他」に分けて考えるべきだとの意味です。昔は「アメリカが風邪を引けば日本は肺炎になる」と言われたものですが、敗戦後の日本はアメリカの影響を逃れることができません。それでなくとも、幸か不幸かアメリカ合衆国は世界のリーダーです。世界中の国が、次の世界の指導者が誰になるのかに注目するのです。我が国も、次のアメリカ大統領に誰がなるかで国の舵取りを考えなければなりません。

しかし、日本での論評は「誰がなる？」と予想屋に終始するだけで、「では、その人がなったらどうする？」と道筋を示した人は、ほぼ皆無でした。

それどころか、ドナルド・トランプが立候補した当初、日本のほとんどの論者はキワモノ扱いでした。人種差別ととられかねないような過激な発言、下衆《ゲス》ウケを狙ったジョーク、成金趣味丸出しの風貌。特に、「日本は安全保障をアメリカにタダ乗りしている。アメリカは日本を守るのに、日本は金も出さない。どういうことだ」という趣旨の発言に、日本の論者は反発しました。特に、保守派の反発は強烈でした。ほとんどの論者が、「トランプが共和党の候補者になることは絶対にない」と言い切っていました。私は、何を根拠に言い切っているのか、不思議で仕方なかったですが。そして彼らは予想屋に終始しながら、見事に予想をはずしました。

こうした状況を、保守論壇に絞った優れた観察があります。評論家の古谷経衡《ふるやつねひら》さんが、Ｙａｈｏｏ！の記事で以下のように書いてくれました。

トランプへの評価を巡って、日本国内の保守層は「三分」されていると観て良い。

この構造を図示すると下記のようになる。

1）反メディア、反リベラルとしてのトランプ肯定論

2）〝親米保守〟の立場からのトランプ批判論

3）自主独立の立場からの逆張りトランプ待望論

さらに、1）はネット保守、2）は産経新聞、3）は倉山満としか読み取れないような書き方をしていただきました。

（以上、二〇一六年三月二七日「日本でじわり広がる〝トランプ大統領〟待望論――対米自立か隷属か―― http://bylines.news.yahoo.co.jp/furuyatsunehira/20160327-00055887/）

ネット保守と産経新聞と倉山満が等値とは過分の褒め言葉ですが、私が早くからトランプを色物扱いする論者と一線を画していたのは確かです。あえてジャンル分けするなら、多くの保守系文化人が登場するインターネット番組「チャンネルくらら」が紹介してきた、と言った方が正確かと思います。

チャンネルくららはインターネットサイトのYou Tubeで番組を配信しています。ネットの時代とはよく言ったものです。「くららファミリー」の一人であるビデオブロガーのRandom《ランダム》yoko《ヨーコ》さんは、ご自身の番組やフェイスブックで「トランプは本格候補だ。日本はこれを直視しよう」と訴え続けました。「何を言っているのだ?」という心無いバッシングも多々ありましたが、それでも孤高に訴え続けたのは尊敬します。

そのyokoさんや私に「トランプはキワモノではない。本格候補だ」とご教示くださったのが、評論家の江崎道朗《えざきみちお》先生です。同じくチャンネルくららでおなじみの江崎先生は、それまで財界人としては有名だったけれども政治には縁が無かったトランプが、なぜ政治家未経験でありながら国民の支持を得ているのか、という政治的背景、のみならず、戦前以来のアメリカでの保守派の思想と実態から説き起こし、詳しくご教授くださいました。本書を書く上で、非常に勉強になりました。

前置きが長くなったようです。結論を言います。

ヒラリーか、トランプか。次のアメリカ大統領は二択に絞られましたが、では我が日本国の運命はどうなるか。

地獄か、茨《いばら》です。

それも、幕末動乱や日清日露戦争に匹敵するような、苦しい茨の道が。

本書で扱うのはアメリカの話です。ではなぜ、アメリカの話を取り上げるのか。日本が地球上で文明国として生き残るために、アメリカのことを知らなければならないからです。

日本はいろんな意味で幸せな国です。公称二六七六年、どう少なく数えても千三百年間、一度も途切れることなく続いてきた国です。長さは世界で断トツの一位、そして一度も途切れたことがないというのも世界に例がありません。

戦乱と独裁、殺し合いに明け暮れたユーラシア大陸の歴史と比べると、日本はどれだけ暢気《のんき》に生きてきたのかと思います。しかし、アメリカ人のペリーがやってきてからは、暢気には生きていけなくなりました。

そして最近の七十一年間は日本史の中で例外の時代です。外国との戦争に負け、その後も占領を許している。その当のアメリカが大きく変わろうとしている。

これからは暢気なだけでは生きていけないことはわかった。そして何かをしたいと思う人も多いでしょう。

では、いったい何をどうすればいいのか？

そんな人たちのために、私はこの本を書きました。

こんな本を書く私も、最初から世の中の仕組みをわかっていたわけではありません。今だって、「これで正しいだろうか」と常に自問自答しながら、「これなら間違いないだろう」という部分だけを文章にしています。

世の中のこと、日本のこともアメリカのことも何もわからないまま、手探りでここまで来ました。かつての私と同じような思いをしている人は多いと思います。

そんな人たちと一緒に勉強し、そして日本を良くしていければと思います。

まだ見ぬ仲間の皆さん、次の頁を開いてください。

目次

第四章 友情・敵対・隷属！日米百五十年の歴史を振り返る

構　成／山内智恵子
編集協力／能亜佐子
ブックデザイン／木村慎二郎
写　真／黒佐勇
ヘアメイク／河口ナオ
カバー写真／AP、毎日新聞社、アフロ

第一章

アメリカ陰謀論の虚実

～こんな大人に騙されてはいけない～

上から「レーニンの演説」「特命全権大使としてアメリカに渡った石井菊次郎」「石油王、ジョン・ロックフェラー」右下は「プラザホテル」左下は「ロックフェラープラザ」

白い炎〜最後の5《ファイブ》が押せなかった頃

あの頃、私の周りの空気は乾いていました。何の味もしない、苦くも甘くもない、なんとも言えない白けた空気でした。

一秒でも早く今日が終わってほしい。でも、明日が来るのが一秒でも遅くあってほしい。

私は中学生の頃、ひたすら退屈な毎日を送っていました。見えない鎖につながれた監獄のような生活。「予備校」とあだ名される六年制の中高一貫校での、何の刺激もない毎日。大人の教えることに何の疑問も持たず、与えられた勉強だけを繰り返す同級生たち。そんな彼らと心の距離を取りつつ、さりとて何のとりえもない自分。

いったい何のために生まれてきたのか。そして何のために生きていくのか。何より、毎日「やれ」と強制されている勉強に何の意味があるのか。なぜ勉強をしなければならないのか。こんな生活が、あと五年も続くのか。

そんな私の、数少ない楽しみが木曜日でした。

七時半には、テレビのチャンネルを必ずフジテレビに合わせていました。その頃、「スケバン刑事《デカ》」という和田慎二《わだしんじ》先生の大人気少女漫画を原作としたドラマが、大人気でした。

主人公の麻宮《あさみや》サキは心に傷を負った不良少女です。父を殺した母の死刑執行を停止してもらうため、謎の黒幕・暗闇指令の下で学生刑事《スケバンデカ》となり、学園に巣食う悪と戦う中で、巨大財閥海槌《みづち》一族の邪悪な陰謀に気付く……。という物語でした。

最後の5《ファイブ》が～押せ、なかった、テレフォン。燃える～胸は～熱い、痛みです～

八〇年代アイドルの頂点に位置する斉藤由貴の歌うエンディングを聞きながら、明日からも負けずに生きていこう、と胸を熱くしたものです。

シリーズ化され、主役を務めた、斉藤由貴、南野陽子、浅香唯の三人は、いずれもトップスターへ駆け上がっていきました。

さて設定はどんどん詳細に、作中で明らかになっていきます。

・暗闇指令の正体はサキの母親の事件を担当した判事で、自らの辞職と引き換えにサキの母親の死刑執行停止を法務大臣に直訴した過去があること。

・判事辞職後は、暗闇機関と称する学園犯罪と闘う闇の組織を作ったこと。

・海槌一族はサキの通う鷹の羽学園を拠点に日本を支配しようとしていること。

・二代目スケバン刑事（鉄仮面をかぶっている）の戦う敵は、青狼会という、全国のエリート高校生だけを集めた組織で、裏から日本を支配しようとする「影の総統」と呼ばれる高校生であること（作中のクレジットは「謎の美少年」）。

・さらに、その青狼会を操り、暗闇指令にすら圧力をかけることができる、「鎌倉の老人」と呼ばれる謎の黒幕がいること。

・三代目スケバン刑事は忍者で、敵の黒幕の果心居士《かしんこじ》の目的は世界を闇に閉ざすこと。

途中から明らかに設定が暴走して終了しますが、「なぜ日本を代表するような大財閥が、スケバンが跋扈《ばっこ》するような低偏差値の高校を日本支配の拠点にするのか」とか、「女の子が鉄仮面をかぶって生活していたら目立ちすぎるだろ」とか、「なぜ女子高生が地球を闇で覆う力を持つ敵と戦っているのか」とか、そんな細かいことを気にしていてはドラマになりませんから、良いとしましょう。「司令」が「指令」になっているのも御愛嬌です。

今の私だったら、「判事出身で警察に影響力があるような黒幕は、警察出身の内閣法制局長官の天上がりだな」「そもそも、半年以内に死刑を執行するような案件なんか、ほとんどないだろ」などと無理やり勝手に邪推するところです。

しかし、当時の私は年端もいかぬ十二歳です。中学生の倉山満くんが内閣法制局などという単語を知るわけもありません。「暗闇指令」「影の総統」「鎌倉の老人」のような何かよくわからないのですが裏にものすごい支配者がいて、日本のすべてはその人たちが牛耳っていると信じていました。「どうやら、総理大臣など大した権力を持っていないらしい」と勝手な学習をしていました。

劇中で影の総統が鎌倉の老人に「三カ月間、警察を抑えてください」などと頭を下げて頼むシーンがあります。暗闇指令も総理大臣も逆らえない、巨大な闇の権力です。

当時の私は、県会議員といえば自分に逆らった人間を、殺し屋を使って殺せると思っていました。国会議員といえば、すべての議員が賄賂を取って池の鯉に餌をやっていると信じていました。

大人になって実態を知ってみると、そんな議員はめったにいないことがわかりましたが、そんな政治家を顎で使える巨大な黒幕がいるとまだ信じていました。冷静に番組を思い出すと、そんな黒幕が権力を使ってやっていることが「ただの女子高生いじめ」なのですが、そこの矛盾には当時は気づかないわけです。

毎週、野球中継がない日は「スケバン刑事」を見ながら、自分は世の中の仕組みを知らないアホなのではないだろうか、陰でバカにされているのだろうかと不安を抱えていたものです。

ついでに言うと、最初の斉藤由貴のシリーズだけは本放送ではなく、ほとんどの回は再放送で見たのでしたが……。

世の中は一体どうなっているんだ。本当のことが知りたい。

当時の私は、学校の勉強は何のためにするのかわからないけれども、本当のことが知りたいという意味での真の勉強には飢えていたのでしょう。

そんなある日。自分の人生観の土台となる、衝撃の一冊に出会います。

「ユダヤが解ると世界が見えてくる」と信じていた頃

ある日、よく学校帰りに立ち読みしていた宮脇書店で平積みになっていたのが、宇野正美《うのまさみ》先生の『ユダヤが解ると世界が見えてくる』（徳間書店、一九八六年）という大ベストセラーでした。

宇野正美先生の語る世の中の仕組みは驚くべきものでした。世界はユダヤ人というものすごい人たちが支配していて、アメリカ大統領ですら意のままに操られているというではありませんか。超大国アメリカの大統領ですらそうなのですから、日本の総理大臣などゴミ粒のようなものです。

『ユダヤが解ると世界が見えてくる』（一一二～一一三頁）から一部引用してみましょう。


ユダヤ人がアメリカ経済のさまざまな面で支配力を発揮している事実は数多くあげられるが、

まずその規模を一べつしてみよう。

アメリカ・ユダヤ最大の財閥はロックフェラー家だが、一九七四年に「ロックフェラー家の富に関する米国議員のための報告書」が発表されている。これによれば、アメリカのロックフェラー家に属する財産は、六四〇〇億ドルを超えている。仮りに当時のレートを一ドル＝三〇〇円として計算すると、実に一九二兆円という、気の遠くなるような額である。（中略）

このマンモス・ユダヤ財閥はアメリカ一〇大企業のうちの六社、一〇大銀行のうちの六行、一〇大保険会社のうちの六社を完全に支配し、全世界で二〇〇を超える多国籍企業を持っている。（中略）アメリカ有数の大企業がことごとく支配下に置かれている。

日本はどうすればこの〝怪物〟に太刀打ちできるというのだろうか。

ううむ、やっぱりそうだったのか！　すでにスケバン刑事的世界観に染まっていた十三歳の倉山満くんにとって、宇野正美先生の説く世界の支配構造の真相は理解しやすいものでした。本当の陰の支配者は鎌倉の老人ではない。ロックフェラーというユダヤ人だったのです!!!　大事なことなので、もう一回引用しましょう。

アメリカ・ユダヤ最大の財閥はロックフェラー家だ

大人になって冷静に考えてみると、宇野正美先生の本には日本人に生まれたことにコンプレックスを持たせるような記述が満載でした。たとえばピョートル大帝を説明するのに、「日本で言えば信長と秀吉と家康を足したようなすごい人だ」という形容になるのです。世界の支配者からみたら日本の英雄や総理大臣など、ちっぽけな米粒ほどの力もないと、これでもかと刷り込まれたような気がします。こういう巨大な黒幕に立ち向かうには、暗闇指令の下で斉藤由貴が戦うしかないのではないか、いや、それでも勝てないほど巨大な存在なのかもしれないと無力感にひたったものです。

ユダヤ……ロックフェラー……黒幕……世界の支配者……。宇野正美先生の説くキーワードが十三歳の私の脳裏から離れません。今でも目に焼き付いている衝撃の一文です。三たび引用しましょう。

アメリカ・ユダヤ最大の財閥はロックフェラー家だが、一九七四年に「ロックフェラー家の富に関する米国議員のための報告書」が発表されている。これによれば、アメリカのロックフェラー家に属する財産は、六四〇〇億ドルを超えている。仮りに当時のレートを一ドル＝三〇〇円として計算すると、実に一九二兆円という、気の遠くなるような額である。

あまりにもこの『ユダヤが解ると世界が見えてくる』が大ベストセラーになったので、批判本も出てきました。

なんと、批判本は「ロックフェラーはユダヤではない。ＷＡＳＰだ」という衝撃の事実を明らかにしているのです。

ＷＡＳＰとは、「ホワイト・アングロ＝サクソン・プロテスタント」の略です。いわゆる白人です。

アメリカに最初に移民としてわたってきたのは、白人のイギリス系のプロテスタントです。彼らは後からやってきた移民を支配して特権階級の地位を築き上げ、二百年に渡る特権的地位を得ています。ロックフェラーはＷＡＳＰの代表なのです。

そんな大事な超基本的な事を教えてくれたのが何の本だったか、きれいさっぱり忘れてしまいましたが、とにかく思い切りズッコケてしまいました。

おかげで、「ああそうか、史料批判というのは大事だな。一人の著者の言うことに心酔してはいけない。きちんと裏を取らなければいけないんだ」ということを学習できたのでした。「世に悪書なし」とはよく言ったものです。

しかし、「ロックフェラーは世界の支配者」「ロックフェラーはユダヤだ」「だから、ユダヤ人は世界を支配している」と信じている人が、後を絶ちません。

今となっては、ぜひともロックフェラーさんにインタビューして、「日本ではあなたが世界を支配するユダヤ勢力の巨魁《きょかい》ということになっているんですが」と聞いてみたいものです。「え？俺がユダヤなの?!」と仰天されるに違いありません。

それに、ロックフェラーがそれほどの大物で権力を持っているのなら、なぜたかが男爵位しか持っていないのでしょう。単なるお金持ちというだけではなくて、それよりは多少上、ということではありますが、男爵程度では社交界でまったく幅がききません。ハプスブルク家の跡取りが伯爵家の娘と結婚すると「貴賤結婚」と後ろ指さされる世界です。イギリスのダイアナ妃も、ご先祖様はマールボロ公爵でしたが伯爵家なので、「この貴賤結婚が」と死ぬまで言われ続けました。男爵といったら、その伯爵より二段階も下です。

くれぐれも、十三歳の倉山満くんのように、ファンタジーのような陰謀論に騙されてはいけません。

実に幼稚な、アメリカ陰謀論の系譜

本書では、この宇野正美的ユダヤ＝ロックフェラー陰謀論を、アメリカ陰謀論の原型、「タイプ・ゼロ」と名付けたいと思います。まさにこれぞキング・オブ・陰謀論の座に燦然《さんぜん》と輝く、アメリカ陰謀論の最も原始的なアーキタイプです。
このタイプ・ゼロの宇野正美的陰謀論、「金字塔・オブ・陰謀論」を先駆けとして、その後も様々なアメリカ陰謀論が今も後を絶ちません。

タイプ1は、スマトラ沖地震も、東日本大震災も、熊本県を中心に被害の出ている九州の地震も、アメリカが地震兵器で起こしたものだ、という説です。パラパラ立ち読みしただけなので書名も著者もすっかり忘れてしまいましたが、東日本大震災は地震兵器によるものだったという話がどこかのコンビニ・マンガか何かに出ていました。

「震災はアメリカの命令により、地下に仕掛けた核兵器で引き起こされた」「実行犯二人のうち一人は小金井警察署に保護されており、もう一人は立川の教会の神父のポール先生に匿《かくま》われている」という、妙にディテールに凝った楽しい話です。小金井とか立川とかポール先生とか、絶妙なローカル感といかがわしさがなかなかいい味を出しています。

タイプ2は、国際グローバル金融資本というものが世界を支配している、という類です。アメリカ陰謀論でもありますし、それを牛耳っているユダヤ、という理屈でユダヤ陰謀論でもあります。

タイプ3はTPP亡国論です。日本はアメリカによって不利な貿易協定を押し付けられ、国体が蹂躙《じゅうりん》されてしまうのだ、という説です。

そしてもうひとつは、一応タイプ4としておきますが、日本はアメリカの属国であり、政治も経済もすべてアメリカによって支配されている、というものです。属国論が総論、タイプ3のTPP亡国論が各論と言ってもいいでしょう。

なぜこのような陰謀論が姿形を変えながら流行《はや》り続けるのでしょうか。

ひとつには、受け手の側が単純にモノを知らない、ということがあります。いい年をした大人でも、十三歳の倉山満くんがハマってしまったような、宇野正美的「ロックフェラー＝ユダヤ」レベルの陰謀論にコロッとイカれて終わっている人が大勢います。

第二に、受け手の側のマスコミへの不信があります。陰謀論にハマるというのは、マスメディアが本当のことを伝えていないのではないかと疑う人々が、「それなら真実は何なのだ」と追い求めた結果ということがよくあるのです。メディアを疑うということ自体は悪いことではありません。メディアを疑う人々が宇野正美大先生に熱狂したのは、書かれていることには事実として正しいこともあって、欠けている部分を上手にファンタジーで盛り上げてあったからです。

そこで第三に、宇野正美先生のテクニックの上手さというのも陰謀論が流行る要因のひとつだったと思います。ユダヤ人の流浪の歴史だとか、旧約聖書だとか、あるいは当時の竹下登《たけしたのぼる》蔵相がプラザ合意のためにアメリカに馳せ参じたことだとか、あるいはレーガン大統領の手術だとか、ちょっとした事実をちりばめながら、次第に「世界の黒幕」という大きな物語を紡いでいく手法は非常に巧みで鮮やかです。

そしてもうひとつの理由は、何が何でも日本は弱くて小さくて、闇の巨大な存在に支配されていることにしたがる心性ではないでしょうか。あとで詳しく言いますが、たとえば「国際グローバル金融資本が～～～！」と言うのなら、日本の財閥なんてみんな国際グローバル金融資本です。しかし、陰謀論にハマる人たちは、岩崎弥太郎が世界の支配者というふうにはなぜか思いたくないようです。

それでは、これらの陰謀論のどこがどう間違いなのかを今から解説していきましょう。とは言っても、タイプ・ゼロは「ロックフェラーはWASPです」で終了ですし、地震兵器は特に解説の必要もないでしょう。（ないですよね？）

ということで、国際グローバル金融資本のことから始めます。

国際グローバル金融資本が世界を支配する？

タイプ2の「国際グローバル金融資本が世界を支配している」説によりますと、金融という超強力な力を握って国境を飛び越え、世界中でグローバリズムを押し進めている人たちがいて、その人たちは基本的に「ユダヤ勢力」なのだそうです。グローバリストは必ずしもユダヤ人というわけでもないようですが、グローバリズムはユダヤ思想から生まれており、また、実際に力を振るっているのはユダヤ財閥であるロスチャイルド他諸々の国際グローバル金融資本なのだそうです。「ロックフェラーはユダヤではない」という事実がそれなりに広まったので、さすがに近頃ではそういう間違いを言う人は少なくなりました。少なくなっただけで、いなくなったわけではないですが。

では、その国際グローバル金融資本がどのように世界を動かしてきたのかと言いますと、

・ロシア革命を起こしたのはユダヤ人だった。ロシア革命は帝政ロシア在住のユダヤ人を解放するために行われ、ロシア革命政権はユダヤ人の政権となった。

・英国のイングランド銀行もアメリカの連邦準備制度理事会（略称ＦＲＢ、アメリカの中央銀行である連邦準備制度を統括する）もユダヤの国際グローバル金融資本によって支配されている。そしてイングランド銀行とＦＲＢが両国政府をそれぞれ支配している。

・米ソ冷戦は八百長だった。背後でコントロールしていたのはアメリカの国際グローバル金融資本だ。

・中華人民共和国建国は国際グローバル金融資本の意思だった。

・英米戦争（一八一二年）はアメリカが英国による金融支配に抵抗しようとして起きた戦争だった。

・朝鮮戦争は米ソ両国政府（正確にはもちろん、両政府を操る国際グローバル金融資本とユダヤ

勢力）と英国が結託して起こした。彼らはわざとアメリカ軍を勝たせなかった。

・ベトナム戦争、第四次中東戦争、湾岸戦争も国際グローバル金融資本の仕業。

・リンカーン暗殺にもジョン・F・ケネディ暗殺にも、国際グローバル金融資本の意思が働いている。

・大恐慌はイングランド銀行が金融緩和しなかったのが原因で起きた。ユダヤ勢力が金融緩和をさせなかったのだ。

疲れてきたのでこのくらいにしておきますが、他にも、日露戦争とか、戦後のGHQによる日本人のナショナリズム及びアイデンティティの破壊とか、韓流ブームとか、構造改革とか、「実は国際グローバル金融資本の作為が関わっている」とされる現象や出来事が山のようにあります。

正直言ってゴミの山です。何も、陰謀を語っているからすべて「陰謀論だ」とレッテルを貼るつもりはありません。陰謀なんてものはいつの時代もどこの世界でもあって当たり前で、あとになってから公文書が公開されて事実が明らかになることもあります。疑惑はあっても明らかにならないものも、もちろんたくさんあるでしょう。大事なのは、拠って立つ論拠として挙げられている「事実」が正しいのかどうかということと、論拠が欠けていて立証するに至らない場合に、事実と推測とを峻別《しゅんべつ》して論じているかどうかです。「こういうことがあり得るかもしれない」という話を四つ五つと重ねればどのような結論にも導くことができてしまいますが、それではファンタジーにしかなりません。

ひとつひとつ論駁《ろんばく》していってもきりがありませんので、ここではポイントをいくつかに絞って、それらが客観的な事実として正しいかどうかを見ていきます。「そもそも国際グローバル金融資本はユダヤなのか」「ロシア革命をユダヤ人が起こしたというのは本当なのか」「ユダヤ勢力が金融緩和をさせなかったから大恐慌が起きた説は正しいのか」「FRBはどの程度の組織なのか」の四つです。

ポイント1 そもそも国際グローバル金融資本はユダヤなのか

これについては、私が主催するインターネット番組、チャンネルくららで現在、週一回配信中の「きちんと学ぼう！ユダヤと世界史…ユダヤ陰謀論を叱る」から、郵便学者の内藤陽介《ないとうようすけ》先生の解説をご紹介しましょう（シリーズ第一回「なぜいまユダヤ陰謀論か」）。

世界経済の中心は良くも悪くもアメリカです。では、アメリカの大財閥はユダヤなのかというと、まったく違います。

一般にアメリカの三大財閥と呼ばれるのは、ロックフェラー、メロン、デュポンです。デュポンの代わりにモルガンを数える場合もあります。このいずれもユダヤ系ではありません。また、カーネギーもアメリカの財閥としてよく名指しされますが、これもユダヤ系ではないのです。

ロックフェラーはＷＡＳＰだ、という話はもうしました。一応詳しく言うと、ロックフェラーはフランスに起源を持つドイツ南部のバプテスト（プロテスタントの一派）の家系です。ドイツ南部出身をアングロ＝サクソンに含めるのかどうかは若干疑問があるものの、ユダヤ系でないのは明らかです。もちろん、長く続いている家のことで、係累のどこかにユダヤ人と結婚した人もいるかもしれませんが、ロックフェラー家がユダヤ系ということではないわけです。

アメリカでは、いわゆるＷＡＳＰしか大統領や副大統領になれない時代が長く続きました。本書執筆現在の現職大統領、バラク・オバマは歴代初の非白人大統領ですが、それ以前は、カトリックのジョン・F・ケネディ以外は全員WASPです。WASPでないと大統領になれなかった時期、フォード政権の副大統領をしていたのがネルソン・ロックフェラーです。ロックフェラー一族の出世頭です。政治の世界ではロックフェラーなどどこの馬の骨、ブッシュ一族やクリントン一族、建国期だとアダムズファミリーの方がよほど名門です。だって、大統領や候補を何人も出しているのですから。

メロン家はアンドリュー・メロンという銀行家・財務長官を出した家系で、先祖はアイルランド出身の長老教会信徒でした。モルガンは英国ウェールズに起源を持つ国教会の家系、デュポンはフランス出身のユグノー（プロテスタント）の家系です。鉄鋼王アンドリュー・カーネギーのカーネギー財閥も、スコットランド系聖公会信徒です。長老教会とユグノーはプロテスタントですし、国教会と聖公会はイギリス国教会です。

なお、ロックフェラーとよく間違えられるロスチャイルドは確かにユダヤ系ですが、アメリカではなくイギリスの金融資本家です。ロスチャイルド家が身を起こして今に至る財閥を築いていった経緯を見ると、前述の内藤先生の動画、第二十五回「ロスチャイルド家の勃興」で解説しているように、マイヤー・ロートシルト（一七四四年～一八一二年）とその息子たち、特に三男のネイサン（一七七七年～一八三六年）の個人的技量によるものだったことがわかります。

フランクフルトのゲットーに生まれ、若いころから目端のきく商人だったマイヤーは地元の権力者との間に上手くパイプを作り、イギリスとの貿易に食い込みます。ナポレオン戦争で大陸封鎖が行われたのに乗じて、イギリスとの密輸で財を得ただけでなく、独自の通商路や情報網も築きました。

三男のネイサンはワーテルローの戦いのとき、英国勝利をいち早く知った上で、一旦は英国公債を大量に売って暴落させてから買いに転じ、英国勝利のニュースが伝わったところで売って巨額の利益を得ています。

フランクフルトのユダヤ人に対する扱いは厳しいものだったので、富裕になってからのマイヤーはフランクフルト市と交渉し、札びらの力で一度はゲットーのユダヤ人たちのフランクフルト市民権獲得に成功しますが、ナポレオンが敗退するとフランクフルト市はユダヤ人たちの権利を再びあっさり取り上げてしまっています。

ユダヤ勢力が結託してロスチャイルド家を台頭させ、世界支配を企んだ、などという事実はなく、たまたま才能があった商人が商機を摑んで繁栄の礎《いしずえ》を築いたという、立志伝として見るべきものでしょう。ちなみに、ロックフェラーと同様、ロスチャイルドも格付けは男爵です。

ポイント2　ロシア革命をユダヤ人が起こしたというのは本当なのか

「国際グローバル金融資本が世界を支配している」説によると、「ロシア革命はユダヤ人を解放したユダヤ人の革命だった」という話になっています。ユダヤ人はロマノフ王朝支配下のロシアでポグロムと呼ばれる組織的な略奪や殺害を受けてきたので、立ち上がってロシアを倒した、というストーリーです。

その重要な根拠として、ロシア革命の指導者、あるいは革命政府の上層部の約八割がユダヤ人だったと主張します。トロツキーはユダヤ人でレーニンも四分の一ユダヤ人だった、要するにロシア革命はユダヤ革命だった、というのです。本当でしょうか。

先ほどからご紹介している内藤陽介先生の動画シリーズの第四十一回「ロシア革命とユダヤ人」で、客観的な事実を挙げてこの説を検証しています。

まず、一九一七年二月の革命直前の段階で、ソ連共産党の前身であるボリシェヴィキ（ロシア社会民主労働党左派、指導者はレーニン）の党員数は約二万三〇〇〇人でした。そのうち、〝ユダヤ人〟（本人の申告による）はわずか三六四人で、全体の二％以下ですから、圧倒的少数派です。また、一九二二年末のソ連成立直前の段階でも、ユダヤ系党員は一万九五六四人でした。この時期というのは共産党員でないと社会生活に色々不都合が起きるような段階ですから、爆発的に党員数が増えていました。その中で一万九五六四人というのは、全党員の五・二一％にあたります。「ユダヤ人がロシア革命を起こした」というのは無理がある数字です。

何をもってユダヤ人とするのかというのは難しい問題ですが、自分でユダヤ人と申告した党員よりも実際のユダヤ人の比率はもっと高かった、八割いたのだ、ともし主張したいなら、どのような条件でユダヤ人と認定するのか、定義をはっきりさせた上で、八割の党員がその定義に当てはまる証拠を示さなければ話になりません。

全体の割合は少なくても、指導部に集中していたのではないか、という反論があり得ますから、これにも論駁しておきます。ソ連人民委員会議という閣議に相当する組織の構成員二三人中、ユダヤ人は五人です。「革命政府の約八割がユダヤ人だった」というのとは逆に、非ユダヤ人が八割、ユダヤ人は約二割しか占めていなかったということです。確かにソ連人民委員会議のユダヤ人の割合は党全体での割合より大きいですが、「革命政府の約八割がユダヤ人だった」というのは、どう見ても事実として間違いです。

では議会はどうでしょうか。ソヴィエト連邦最高評議会の民族別議席割当を、一例として一九二九年の数字で見ると、ロシア人四〇二、ウクライナ人九五、ユダヤ人五五、ラトヴィア人二六などとなっています。

モノの本によると、革命政府幹部のリストを挙げて、これもユダヤ人だった、これもユダヤ人だった、と、あたかもユダヤ人だらけだったような記述になっているのですが、ユダヤ人だったとする認定が相当にいい加減です。一九一七年から一九一九年の革命政府の主なユダヤ人は次の六人でした。

・グリゴリー・ジノヴィエフ（一八八三～一九三六）
・モイセイ・ウリツキー（一八七三～一九一八）
・レフ・カーメネフ（一八八三～一九三六）
・ヤーコフ・スヴェルドロフ（一八八五～一九一九）
・グリゴリー・ソコリニコフ（一八八八～一九三九）
・レオン・トロツキー（一八七九～一九四〇）

ジノヴィエフはレーニンの第一の副官で革命後はペトログラード・ソヴィエト議長やコミンテルン議長、ウリツキーはペトログラード・チェーカー議長、カーメネフはソヴィエト政権の成立を宣言した第二回全露ソヴィエト大会議長や全露中央執行委員会議長、スヴェルドロフは初代全露中央執行委員会議長、ソコリニコフは財務人民委員や駐英ソ連大使など、トロツキーは軍事革命委員会委員長や外務人民委員（外相）と、それぞれに要職を歴任しています。しかし、このうちで平和に「畳の上で」、もとい、「ベッドの上で」亡くなったのはスヴェルドロフしかいません。

ウリツキーは暗殺されており、トロツキーはよく知られているように、スターリンと対立して国外追放され、のちに暗殺されています。ジノヴィエフとカーメネフはスターリンによって粛清されました。ソコリニコフはやはりスターリンによって投獄されたものの、死一等を減じられて獄中で亡くなっています。

ジノヴィエフとカーメネフに関しては、確かに一時期、スターリンと組んでかなりの権力を握っていたのは事実です。とはいえ、ロシア革命がユダヤの革命だったというのは無理があります。

次に「トロツキーはユダヤ人でレーニンも四分の一ユダヤ人だった」について言うと、トロツキーがユダヤ人だったというところまでは事実です。しかし、そもそもユダヤ人の定義というのは複雑な問題なので、レーニンについてはもう少しきちんと見ていく必要があります。

レーニンの民族的出自は、父親がロシア人、母親がドイツ・スウェーデン系ユダヤ人のロシア正教徒です。母親の母親、つまりレーニンの祖母はユダヤ人だったので、そういう意味で四分の一ユダヤの血が流れている、というのはその通りです。といっても、レーニンの祖母が結婚したのはドイツ・スウェーデン系の人で、ユダヤ人同士の結婚ではありませんでした。そして、レーニンの母親はユダヤ教徒ではありません。改宗してロシア正教徒になっています。

当時のロシア帝国の法的解釈では、レーニンの出自は「モルドヴィン人、カルムイク人、ユダヤ人、バルト・ドイツ人、スウェーデン人による混血」となっています。モルドヴィン人というのは「モルドヴァの人」で、カルムイク人というのは中央アジアの人です。レーニンの出自は、多民族国家であるロシア帝国で、様々な民族が複雑に交じり合っていることを反映しています。この出自で「彼はユダヤ人だ」と呼ぶのは無理で、ざっくり言えばロシア人というのが一番近い呼び方でしょう。また、母親は既にロシア正教徒、父親はロシア人ですから、レーニンがユダヤ人としての伝統的価値観を持っていたというふうにも考えにくいのです。文化的にはロシアの影響が圧倒的です。

このように、実際にはロシア革命はユダヤ人によって行われたと言えるような事実はありませんでした。それなのに、なぜ「ロシア革命はユダヤ革命だった」という俗説が出てきてしまうのでしょうか。理由は三つあります。

第一に、帝政ロシアに対してユダヤ人が強い反感を持っていたのは事実でした。ポグロムで酷い迫害を受けていたのですから、それも当然でしょう。革命によってロシア帝国が倒れたときには世界中のユダヤ人が喜んだといいます。

第二に、ボリシェヴィキが革命のために、ロマノフ王朝に不満を持つ弱者としてのユダヤ人を利用しようとして、反ユダヤ主義を攻撃する宣伝を行ったからということもあります。レーニンは一九一八年に「反ユダヤ主義とは、勤労者をして彼らの真の敵、資本家から目をそらせるための資本主義的常套手段にすぎない。ユダヤ人を迫害し、追放せる憎むべきツァー政府よ、呪われてあれ！　ユダヤ人に敵対し他民族を憎みたる者よ、呪われてあれ！」と演説しています。このような宣伝は、ロシア革命に反対する側から見れば、ボリシェヴィキとユダヤ人が手を結んでいるように見えたでしょう。ただしこれは単なるプロパガンダであり、ボリシェヴィキがあちこちで叫んだ「民族解放」スローガンの一環にすぎません。

第三に、ユダヤ人を一切要職につけなかった帝政ロシア政府と違って、革命政府は、革命への貢献があれば、ユダヤ人であっても登用しました。これまでまったく日の当たるところに出られなかったユダヤ人が、政府や党の中では少数派とはいえ、頭角を現すようになったわけですから、世間の人々は、急にユダヤ人が進出してきたという印象を持つようになりました。

さらに、西欧諸国の側ではボリシェヴィキ政権への反感と反ユダヤ主義が結びついて、現代の日本で半端な知識をかじっただけの保守気取りが何でもかんでも在日認定するのと似たようなノリで、「ボリシェヴィキ指導部はみんなユダヤだ」というレッテル貼りをしたというのも、俗説を生んだ原因のひとつでしょう。

実際にボリシェヴィキ政権がユダヤ人の文化や伝統を尊重しているかというと、まったくそんなことはありません。当初からヘブライ語教育を禁止していますし、ラビを逮捕・投獄するなどしてユダヤ教を迫害しています。明らかに反ユダヤ政策を実行しているのです。

ユダヤ人が世界を支配するためにロシア革命を起こした、というような説は荒唐無稽としか言いようがありません。騙されないためにも歴史をちゃんと学びましょう。

ポイント3 ユダヤ勢力が金融緩和をさせなかったから大恐慌が起きた説は正しいのか

ユダヤ人はＦＲＢだけでなくイングランド銀行を牛耳っていて、イングランド銀行のほうが

ＦＲＢよりも優位だということになっています。そして、イングランド銀行の支配者のユダヤ人が世界大恐慌を起こしたのだ、という説があります。ユダヤ人はイングランド銀行を支配しており、お札を刷ることができるのにわざとイングランド銀行に刷らせず、ＦＲＢにも刷らせなかった。そうして世界をデフレに追い込み、世界恐慌を起こしたのだそうです。

これに対してはひと言、「金本位制の意味をわかっていますか？」で終了です。金本位制は中央銀行が金との交換を保証する兌換紙幣を発行する制度で、金の保有量に応じた量の紙幣しか発行出来ません。第一次世界大戦中、一時的に金本位制は中断されていましたが、一九一九年から復帰が相次ぎ、一九二九年の大恐慌発生まで、金本位制が続いていました。

金本位制の下では、ユダヤ人であろうとなかろうと、イングランド銀行の力がどうだろうと、金に見合わない量のお札を刷ることなど物理的に不可能です。それなのに「いや、ユダヤ人ならできたのだ」と言われても困ります。

金本位制とは何か、というのは経済学の基礎的な知識です。ユダヤ人が世界恐慌を起こせるというのは、ちょっとしたこういう基礎を知っていれば騙されなくてもすむ話ですが、権威者にもっともらしく言われると、ほかの分野ではきちんとした専門知識を持っている人でも案外コロッと鵜呑みにしてしまうことがあります。実に迷惑な話です。

ポイント4 FRBはどの程度の組織なのか

こんな説を本気で信じる人がいるから困るのですが、イングランド銀行やFRBは世界支配を企む国際グローバル金融資本家の巣窟であり、共産主義を育ててソ連や中華人民共和国を支援してきた、ということになっています。ここでは、FRBというのは本当にそんなに強いのかを考えてみましょう。

まず、アメリカ合衆国憲法に基づく政治の仕組みの中ではどうでしょうか。FRB議長はよく、アメリカ大統領に次ぐ権力者だと言われます。大統領の次というのは、ちょっと聞くと、ずいぶん強いように思われるかもしれません。しかし、実はアメリカ大統領というのは世界最弱の権力者だというのが世界の比較憲法学の常識です。アメリカの統治機構のいわゆる三権分立の中で、一番強いのが連邦最高裁です。議会が通したどんな法律に対しても、また、大統領が行ったどのような行政に対しても違憲審査をする権限を持っていますし、実際にどんどん違憲判断を下してひっくり返しています。フランクリン・ローズベルト政権のときには、ニューディール政策で始めた工事を「憲法違反だからやめろ」と判決してやめさせたりもしています。

日本で言えば、総理大臣よりも竹下派七奉行が強かったようなものです。海部俊樹《かいふとしき》総理大臣は小沢一郎《おざわいちろう》自民党幹事長や橋本龍太郎《はしもとりゅうたろう》大蔵大臣にはまったく頭が上がらず、渡辺恒三《わたなべこうぞう》にも小突き回されていました。アメリカ大統領はいわば総理大臣のときの海部俊樹です。大統領の次に偉いＦＲＢ議長ということは海部の次に偉い人、ということですから、その程度の人の「世界支配の野望」とか言われても困ります。ＦＲＢ議長より連邦最高裁判事のほうがずっと強いわけです。

また、日本のバブル経済発生前後の日米関係の中でＦＲＢを見てみると、強力どころか、自分が何をやっているのかもわからずにドタバタしている情けない組織でしかありません。

その実態は、ウィキペディアの「プラザ合意」の項目の参考文献として挙げられている論文、黒田晁生《くろだあきお》「日本銀行の金融政策（１９８４年～１９８９年）―プラザ合意と「バブル」の生成―」（『明治大学社会科学研究所紀要』第47巻第1号、二〇〇八年十月）を読んでください。抱腹絶倒です。黒田氏は元日銀マンで、自分が仕えた澄田《すみた》智《さとし》総裁の金融緩和政策を批判すると断ったうえで書いています。

プラザ合意というのは、ドル高で苦しむアメリカが、一九八五年九月二二日、日・米・独・英・仏の五カ国の蔵相と中央銀行総裁をニューヨークのプラザホテルに集めて決定した、ドル高是正のための協調介入です。為替相場を円高・ドル安に誘導するため、澄田総裁はアメリカと協調して大規模なドル売り（円買い）を行うとともに、金利の引き上げと「高め放置」を行いました。その結果、日本は急激な円高不況に見舞われることになります。

黒田論文では触れられていませんが、プラザ合意の背景にあったのは、東西冷戦における軍事的な側面です。黒田論文では単にアメリカがドル高で自動車産業などの不振に苦しんでいるから、貿易黒字で美味しい思いをしている日本と西ドイツはけしからんと圧力をかけてきた、という話になっています。しかし、米英仏はソ連を倒すべく戦っている最中で、西ドイツと日本はその〝矢銭〟を負担しろ、という話でもあったのです。

日本の金利の「高め放置」に対して、アメリカのボルカーＦＲＢ議長は「利下げせよ」と強い圧力をかけてきました。この「外圧」に機敏に反応したのが当時の大場《おおば》智満《ともみつ》財務官です。大場財務官が山口光秀《やまぐちみつひで》大蔵次官を動かし、山口次官が澄田総裁を動かして、元祖日銀バズーカとも言える連続利下げを行います。利下げによって日本の円高不況は吹き飛び始め、どんどん景気がよくなっていきました。それでもなおアメリカが利下げを要求してくるので、日本側の大場財務官や澄田総裁は表向きは「ううっ、アメリカからこれほど圧力をかけられてはやむを得ない」という体《てい》で、すかさず〝要求通り〟に利下げを重ねました。お腹の中ではニヤリとしていたに違いありませんが、それは黒田論文には書いてありません。黒田論文はなぜか、利上げは勝ち、利下げは負けという、わけの分からない価値観で貫かれています。連続利下げを行う澄田総裁を描写する筆致には、学術論文のはずなのに、そこはかとなく忌々しさが滲み出ています。

澄田総裁による金融緩和政策によって、日本の景気はさらに拡大し、バブル経済まで行ってしまいました。そのあと日本は調子に乗って「アメリカを買い取るぞ」などという妄想を抱いてしまうわけですが、それは別の話。

ここまでの経過を見ると、アメリカが何をやったのかは明らかです。一度は円高・ドル安に誘導して日本に円高不況をもたらし、日本の恨みを買ったものの、そのあとの利下げ要求で日本の景気を回復させ、バブルにまで至らせてしまいました。アメリカはいったい何のために何がしたかったのかさっぱりわかりません。この一連の経過の間にＦＲＢではお家騒動が勃発し、総裁のボルカーはクビになっています。

これは要するに、アメリカはバカじゃないのか、という話なのです。ＦＲＢの正体と言っても、所詮こんなものです。黒田論文はウィキペディアの「プラザ合意」の注釈に張られているリンクから全文読めますし、大学一・二年の教養課程の経済学がわかっていれば読み取れる話です。はっきり言って、倉山満程度の経済学の知識があればわかります。

ちなみに本物の陰謀論めいた後日談を付け加えておきますと、山口次官はこのあと、日銀総裁になれませんでした。山口次官が日銀総裁になりたくて英会話の勉強をしているという噂が流れた瞬間に、愛人との密会写真を週刊誌にすっぱ抜かれました。明治時代以来、宴会をやって人の弱みを握るのが日本銀行の得意技ですし、山口次官はあけっぴろげな人物で料亭から大蔵省に通うようなこともあったそうですから、リークしようと思えば朝飯前だったでしょう。ただし、これはあくまで私の憶測であると付け加えておきます。

タイプ2の陰謀論を書いた書籍には、ユダヤ人が決して一枚岩ではなく、様々な考えや対立があることを指摘し、セファルディーム（主にスペインに住むユダヤ人）とアシュケナジム（ドイツのライン地方に住んでいたユダヤ人。十字軍以降、中心は東欧に移る）というユダヤ人の系統について具体的に説明しているものもあります。ところが、実際に陰謀論のストーリーを語るときには、ユダヤ人、ユダヤ系、ユダヤ民族、ユダヤ勢力、あるいは、ユダヤ人では必ずしもないけれどもユダヤ思想に基づく国際主義者、などの言葉を定義せずに使うので、何を言っても一応の辻褄が合ってしまう議論になっています。部分的に正しいことを言いながら、それによってさも学術的な議論をしているような幻想を撒き散らして杜撰《ずさん》な議論を展開するわけです。これらの言葉、全部、微妙にずれているので、定義して使ってくれないと大混乱してしまうのです。

たとえば、大東亜戦争はローズベルト政権に巣食う「国際主義者」たちが起こしたことになっているのですが、彼らが「国際グローバル金融資本」だったかどうかはそこでは述べられていません。

大東亜戦争を起こしたのが「国際グローバル金融資本」だったという説だとはっきりしていれば、アメリカの外交文書FRUS（Foreign Relations of the United States）からいくらでも反証を引っ張ってくることができます。戦前の日本の財閥は、三井も三菱も、前にも言った通り国際グローバル金融資本そのもので、WASPの財閥と大の仲良しでしたし、ユダヤ系財閥ともちゃんと仲良くしていました。WASP担当が井上準之助《いのうえじゅんのすけ》、ユダヤ系担当が高橋是清《たかはしこれきよ》でしたが、別に井上がユダヤ系と仲が悪いわけではなく、高橋もWASP系と仲が悪いわけではありません。たまたま付き合いがあるので担当しているというだけです。日米関係が悪化していくことに対して、アメリカの財閥は、「何で三井・三菱がいるのに、日本はこんなに話が通じない対応になっていくんだ」という反応なのです。

ところが、このタイプ2の陰謀論の中では国際主義者は「共産主義者」と「国際グローバル金融資本」の両方の意味で使われており、どちらも国際主義という思想が共通していると説明されます。大東亜戦争を起こしたのがどちらの「国際主義者」なのかは明示されていません。

このように定義がはっきりしない説は反証ができません。反証ができない説というのは、実は曖昧すぎて議論の俎上《そじょう》に載せられず、議論の価値がないことと同義なのです。

ユダヤ人とユダヤ民族は違いますし、イスラエル国民となるとまた違います。この本はアメリカの本ですからこれ以上深入りはしませんので、詳しいことはぜひチャンネルくららで内藤先生の番組を見ていただきたいですが、このように言葉の意味ひとつとっても膨大な基礎の勉強をしていないとわからないことを、軽く陰謀論でわかった気になろうとするのはお調子者のすることです。みなさんは、ぜひ本書を読んで、その手のお手軽な陰謀論に引っかからないようにしてください。まじめに大人として教養を身につけたければ、難しい言葉を軽く使って、定義もせずにごまかしている人を信用してはいけません。

もはや懐かしいTPP亡国論

TPP（環太平洋パートナーシップ協定）という通商交渉に当時の菅直人《かんなおと》総理大臣が突然参加を表明してからというもの、巷には様々なTPP反対論が溢れました。どんなまともなことにも変なものをくっつけるのが、当時政権を預かっていた与党民主党の執行部でしたから、不信と不安で反対論が盛り上がるのも気持ちとしてわからなくはありません。

「TPP加盟によって日本の主権はアメリカに売り渡される」「ISDという危険な条項が入っている」「TPPは日本のデフレを悪化させる」「米作を中心とした日本の文化が壊されてしまう」といったTPP反対論は、もうほとんど日本が交渉参加を表明した段階で国体が壊されると言わんばかりの勢いでした。事実なら大変なことですが、実際は全部間違いです。

先に結論を言っておきましょう。

TPPというのは国体がどうこうというような重要な問題ではありません。

私があるシンクタンクの所長を務めていたとき、採用面接に来た大学院生に「TPPについてどう思う?」と質問したところ、「え? 輸出のメリットと輸入のデメリットですよね。それが何か重要な問題なんですか?」と答えられてしまいました。まったくそのとおりなのです。TPPは貿易自由化交渉ですから、輸出業者にとってはメリット、輸入業者にとってはデメリットになります。輸入業者のデメリットをどのように手当しながら有利な交渉を進めていくか、というだけの話です。こんなものは学部レベルの経済学ですが、論壇の、特に保守論壇の無知蒙昧ぶりには目も当てられませんでした。

「ＴＰＰに反対しない者は保守にあらず」「この売国奴《ばいこくど》」と言わんばかりの強硬な反対論を唱える人もいます。ではそのＴＰＰは何かと言えば、国際的な自由貿易を目指す枠組みです。ＴＰＰ問題が浮上して以来、「お前はＴＰＰに賛成なのか、反対なのか」と散々聞かれてきましたし、私が何も言っていないのに推進派だと決めつけられたこともあります。しかし、そもそも国際的な自由貿易を目指す枠組み自体に賛成も反対もしようがありません。

それだけのことなのに、なぜ激烈な反対論が出てくるのか。その理由についてはあとで考えていきますが、通商交渉にまつわるこの種のアメリカ陰謀論に騙されないようにするために、日米の通商交渉の歴史を簡単に振り返ってみましょう。

戦後だけを見ても、これまでに何度も日米貿易摩擦が繰り返されてきました。これにはパターンがあります。

第一段階　日本の商品が売れる。

日本の製品がアメリカでの市場競争に勝ち、たくさん売れます。

⬅

第二段階　選挙目当てのアメリカ人が騒ぐ。

選挙が近づくと、アメリカ人の政治家が選挙目当てで突然上から目線で騒ぎ始めます。「おい日本、我が国の貿易が赤字なのは、日本が不正をしているからだ。自由貿易のルールに従って、何とかしろ！」と。

⬅

第三段階　日本が自主規制

日米交渉で日本が折れるところは折れ、輸出規制をかけます（輸入目標を飲む、という形のこともあります）。

⬅

第四段階　やっぱり日本の商品が売れる。

交渉でアメリカは勝ったはずなのに、日本の商品は相変わらず売れ続けます（あるいは、日本でアメリカ製品の売上は伸びないままです）。そして第一段階に戻ります。

まず一九五五年、「一ドルブラウス」騒動というものがありました。日本が輸出するブラウスが一ドルという、アメリカ人の感覚では百円ぐらいの安い値段で、アメリカの業者を圧迫していました。当時の日本にとって、一ドルというのは今の感覚で七二〇〇円ぐらいにあたるので、そんなにペラペラの安物を作っていたというわけではありません。貨幣価値の差で、アメリカでは破格の安さになったのです。

そこで、選挙目当てのアメリカ人が「粗悪品を売るな」と圧力をかけ、日本は輸出を規制することになりました。アメリカは自由貿易の旗手のはずなのに不思議なことです。日本が品質をアップしたところ、価格は一ドルより上がりましたが、やはり日本製品のほうがよく売れてしまいます。

そんなこんなで日本は敗戦を乗り越え、徐々に経済大国になっていきます。その過程で、鉄鋼摩擦、カラーテレビ摩擦、半導体摩擦など色々起きますが、すべて同じパターンで推移しています。

有名ドコロで言うと、一九七〇年に日米繊維交渉がありました。沖縄を日本に返す交渉が大詰めのときで、アメリカ側は「戦争で取ったものをタダで返せとは言わないだろうね？」と圧力をかけてきました。沖縄と繊維交渉はまったく関係ないのに、沖縄にひっかけて蒸し返されたのです。日本側は繊維の輸出を自主規制し、田中角栄《たなかかくえい》通産大臣が繊維業者に補償金を渡して決着しました。その結果、東レ、カネボウ、グンゼといった日本を代表する繊維業者は、どこも潰れず元気に生き残りました。

一九八〇年代の日米自動車摩擦では、やはり選挙で大変なアメリカ人の政治家がパフォーマンスで日本車を叩き壊し、「アメリカで日本車が売れているのに、日本でアメ車が売れないのは不正だ！」と騒ぎ出します。日本は唯々諾々《いいだくだく》と言うことを聞いて妥結した結果、日本車の対米輸出は倍増し、アメ車のほうは日本でさっぱり売れませんでした。アメリカが右ハンドルの車を作らず、左ハンドルの車を日本で売りさばこうとしたからです。悔し紛れのアメリカ人が「日本も右側通行にしろ！　非関税障壁だ！」と言うと、通産省は「そういうことは先にイギリスに言って下さい」と答えて終了でした。

そのあと、一九九〇年の牛肉・オレンジ自由化交渉で農水省が負けた……ことになっていますが、アメリカの牛肉やオレンジは大して売れず、むしろオージー・ビーフのほうが売上を伸ばし、アメリカでは日本のみかんが売れています。もはやアメリカ様の慈善事業です。一九九六年にはスーパー三〇一条問題でアメリカが日本のコンピュータに言いがかりをつけてきたことがありましたが、その後もNECはアメリカ市場を席巻し続けました。

なぜこんなに日米貿易摩擦で、実質的に日本が全戦全勝なのかというと、通産省（現経産省）には、勝利の方程式があるからです。

通産省には、自由貿易に積極的な通商派と、国内産業の保護を重視する産業派がいます。アメリカから圧力がかかると、まず通商派が「アメリカからこんな圧力がかかってきた。日本はもっとアメリカに対して市場開放せざるを得ない」と苦しむ演技をします。それに対して、産業派が自民党非主流派と業界団体に成り代わって反対論を絶叫し、反米ナショナリズムを煽ります。そこで通商派はアメリカとの交渉の席で、「ウチにも聞き分けのない若い者がおりまして。ここはひとつ、なんとか折り合っていただけませんか。我々も辛いところなんです」と、日本の国際競争力で勝てる最低線で妥協にこぎつけます。そして交渉が終わってみると、勝ったはずなのにアメリカが大敗、というパターンです。政治家とともに交渉の矢面に立ち、通商派と産業派の絶妙な役割分担で上手くプロレス（腹芸）を演じるのが通産省の外交のスタイルです。

そういうわけですから、まさか経産省の官僚でTPP亡国論などという愚かなことを書いている人はいないと思います。もしいたとしたら、自分が勤務する省庁の歴史もご存じないということでしょう。よもやそんな方がいるとは思えませんが、もしいたら教えて下さい。

ちなみに、通産省が政治家とともに交渉の矢面に立つのに対し、農水省は政治家の走狗《そうく》として交渉の矢面に立ち、大蔵省は政治家を走狗にして安全地帯にいます。通商交渉において、外務省がどこに出てくるのかは誰も知りません。

さて、通産省がアメリカに勝ってきた理由はもう一つあります。人材の差です。日本の通産省は、公務員試験合格者のうち、財務省に次いで、ほぼ一番優秀な人が行くところです。特に戦後は軍がなくなったので、そのぶん、優秀な人が集まるようになりました。一方、アメリカの官僚は政権交代のたびに入れ替わるので、経験豊富で有能な官僚は基本的に国務省と国防総省にしかいません。そして、通商交渉を担当するアメリカ通商代表部というのは出世に縁遠いところです。歴代の通商代表でその後出世したのはロバート・ゼーリック（在任二〇〇一年一月二〇日〜二〇〇五年二月二二日）だけで、国務副長官から世界銀行総裁になっているのが唯一の例外です。それも対日交渉で成功したから出世したわけではありません。「そこに行ったら出世が止まる」という部署には、優秀な人は集まりにくいものです。

ところで、人材の差というより、意欲の差で、一見アメリカが全部勝っているように見える件があります。年次改革要望書です。

二〇〇一年の小泉内閣のころ、「アメリカの年次改革要望書通りの政策が次々と日本で行われている。アメリカの日本への内政干渉命令書だ！」と、急に話題になりました。今でも、世の中に興味を持ったまじめな高校生がインターネットで検索したら、年次改革要望書によって小泉内閣がアメリカの陰謀に操られていたという説を信じてしまうかもしれませんので、ここで大人として社会のからくりを教えてあげましょう。

年次改革要望書はそもそも何かというと、日米貿易摩擦のとき、アメリカが「何か形に残してくれ」と求めたので、お互いに要望書を毎年出し合うという形を残した、というものでした。単なる要望書ですから、拘束力はまったくありません。一応毎年出す約束になっているので、日本の経産省では締め切りの三日前に誰か若手が書くことにしました。

一方、アメリカの担当者は一発当てて成果をアピールできればヘッドハンティングでいいところにスカウトされて左うちわになれます。日本に要望書を出して実現させた、ということになれば、「俺は日本を操った黒幕だから、東洋のことは全部俺に任せろ」と、以後大きい顔ができ、一攫千金もできるわけです。

そこに出てきたのが久しぶりに長期政権になりそうな小泉総理です。アメリカ側は小泉総理の公約を徹底的に研究し、その中で実現しそうなことから順に並べたのが、アメリカからの年次改革要望書でした。だから実現するに決まっているのです。

しかもこの話にはオチがあります。年次改革要望書を廃止したのは、民主党政権の鳩山由紀夫《はとやまゆきお》総理でした。年次改革要望書がアメリカの内政干渉命令書だ、小泉はアメポチだと叫んでいた人は、なぜか鳩山由紀夫氏を救国の英雄として褒め称《たた》えません。結局、騒いでいた人たちにとっても年次改革要望書は陰謀論のおもちゃに過ぎなかったということでしょう。所詮は、実務を知らない人がネットで情報を漁る高校生を騙すレベルの話です。

戦後まもないころから、アメリカは自分の主導で自由貿易のルールを作ろうと延々交渉を重ねてきました。しかし毎回失敗しています。アメリカが「ルールを作るぞ」と音頭を取るものの、国内の圧力団体を抑えきれずにおじゃんになる、の繰り返しです。長年かけて交渉をまとめても、アメリカ自身が守る能力がなくて破綻してしまうのです。それをまた、「アメリカは国内法を国際法に優先しているから偉い。なぜ日本もそうしないのだ」みたいな、どこからツッコミを入れていいかわからないような勘違いで語る論者がいるので困るのですが。

最初は一九四八年に始まったGATTという世界規模の会議で、ほぼ世界中の国が加盟国になった結果、メンバーが多すぎて何も決まらず、延々五十年を無為に過ごしました。全員一斉にやるのが難しいなら、じゃあ、一対一とか少数の仲間内でやろうということになって、FTAという二国間・三国間ぐらいの交渉に切り替えます。ところがそれではまとまらないといって、またGATTウルグアイ・ラウンドで全員集合をやってみる。それがだめでまたFTA、やっぱりまとまらないから、せめて太平洋だけでもTPP、といった調子で今に至ります。「何がしたいの?」と言いたくなります。

アメリカがモンロー主義に戻ればば別なのでしょうが、おそらく永久にまとまらないのではないでしょうか。私はTPPに賛成でも反対でもないですが、仮にTPP大賛成で推進しようと思ったとしても、これでは成功できる見込みがあるのかどうか。賛成・反対以前の話です。

むしろ、TPPごときの推進しようと思っても実現が難しいような政策をことさら針小棒大に争点化し、みんなの意識をそっちにもっていくなど、それこそ何かの陰謀ではないかと疑いたくなります。現に、世間がTPPでバカ騒ぎをしている間に復興増税が決まってしまい、今に至ります。事実上の所得税の増税なのですが、いったい誰が責任をとってくれるのでしょうか。「TPPは亡国最終兵器」とか言って騒いで煽って金もうけをしていた人の中に自分の言論の責任を取った人は、寡聞にして一人も聞きません。

高校生でも読める戦後史？

とあるアメリカ陰謀論者の書かれた、高校生でも読める戦後史という触れ込みの本があります。何という本だったか、立ち読みだったので忘れましたが、戦後の日本の歴代総理大臣を対米追随派と一部抵抗派と自主派に分類し、対米追随でない総理大臣はすべてアメリカによって失脚させられて短期政権になった、と言っています。対米追随派とは、米国に従い、その信頼を得ることで国益を最大化しようとした人たち、一部抵抗派とは、特定の問題について米国からの圧力に抵抗した人たち、そして自主派とは、積極的に現状を変えようと米国に働きかけた人たちを指すのだそうです。

自主派は重光葵《しげみつまもる》（首相にはなりませんでしたが）、石橋湛山《いしばしたんざん》、芦田均《あしだひとし》、岸信介《きしのぶすけ》、鳩山一郎《はとやまいちろう》、佐《さ》藤栄作《とうえいさく》、田中角栄、福田赳夫《ふくだたけお》、宮沢喜一《みやざわきいち》、細川護熙《ほそかわもりひろ》、鳩山由紀夫。対米追随派が吉田茂《よしだしげる》、池田勇《いけだはや》人《と》、三木武夫《みきたけお》、中曽根康弘《なかそねやすひろ》、小泉純一郎《こいずみじゅんいちろう》、海部俊樹、小渕恵三《おぶちけいぞう》、森喜朗《もりよしろう》、安倍晋三《あべしんぞう》、麻生太《あそうた》郎《ろう》、菅直人、野田佳彦《のだよしひこ》もこの分類です。一部抵抗派が鈴木善幸《すずきぜんこう》、竹下登、橋本龍太郎、福田康夫《ふくだやすお》で、一人ひとりなぜそこに分類されたかも理由が書いてあったような気がします。

自主派がすべてアメリカによって失脚させられた短期政権だったとすると、明治以来の歴代総理の中で桂太郎《かつらたろう》に次いで第二位の長期政権だった佐藤栄作が入っているのはなぜでしょうか。

この本を私の記憶で再現すると、ジョンソン大統領はベトナム戦争に対する日本の消極的な姿勢に強い不満を抱いており、佐藤総理が就任三カ月後に初訪米した際、強い言葉で日本の協力を求めています。こちらが援助を求めているのに、「わが盟友たちはこぞって橋の下に逃げたり、洞窟のなかに隠れたりしている」のか、「旗幟《きし》を鮮明にすべきときがきて」いる、「（日本が）苦境におちいれば、われわれは日本を防衛するために飛行機や爆弾を送る」、「（アメリカは）ベトナムで苦境に立っており、問題は日本がわれわれをいかに助けてくれるか」だと。

就任早々にここまで言われても断った総理大臣が七年八カ月の長期政権を築いているのですから、すでに説明が事実と合いません。佐藤長期政権が終わったのは、この本によれば、繊維交渉で譲歩しなかったことでニクソン大統領を怒らせ、それが政権の命取りになったからなのだそうです。あの泥沼のベトナム戦争への協力を拒んだのは大丈夫で、繊維交渉では命取りになったのはなぜか、説得力のある説明は特に何もありませんでした。

池田勇人総理は「安保闘争以降、安全保障問題を封印し、経済に特化」したことをもって対米追随派に分類されています。この説明が客観的事実として正しいかどうかはともかく、仮にこの通りだったとすれば、「安全保障問題を封印し、経済に特化」したということは、池田勇人政権はアメリカの軍役を負担しなかったことになります。それは、日本をなるべく弱いままにしておきたいウィーク・ジャパン・ポリシー派にとってはいいのでしょうが、日本を強くして日米同盟を緊密にしたいストロング・ジャパン・ポリシー派にとって池田はよくないはずです。もし佐藤がベトナム戦争でアメリカに協力しなかったから自主派だというのなら、なぜ池田は同じ理由で自主派に分類されないのでしょうか。まったく整合性がありません。

また、三木武夫が占領中にGHQに呼び出され、芦田均の次の首相にならないかと誘われたことや、戦前の三木の対米戦争反対活動まで挙げて三木武夫の親米ぶりを強調しているのに、なぜ三木政権が二年の短命で終わったのか、何の説明もありませんでした。

一部抵抗派に入っている竹下とアメリカとの関係について、この本は、アメリカが求めた軍事面での責任分担を竹下が断ったと言っています。そして、間接的な表現ではあるものの、このような竹下の方針に対してアメリカが反発し、リクルート事件での退陣につながったのかもしれないとほのめかしています。

軍事的協力は二国間の関係の中で極めて重いものです。ともに戦うことほど、国同士を緊密に結びつけるものはありません。それを拒んだということが、対米追随派に分類される理由になったり、一部抵抗派に分類される理由になったり、自主派に分類される理由になったりするのですから、あまりにも矛盾しています。もしこんなものを学生が出してきたら、卒論ならおまけしてCをつけてあげてもいいけれど、という程度の議論です。

属国日本論

何かこの節タイトルと同じような題名で有名な本があった気がします。属国日本論という言葉に非常にこだわりを持っておられる学者先生がいらっしゃるのだとか。「属国」という言葉を尋常ではない思い入れをお持ちのようですが、別にたいしてオリジナリティがある主張とも思えませんし、宇野正美先生と並ぶほどのキング・オブ・陰謀論ではないと思いますので、ここではあえて実名は挙げません。というか、忘れました。

属国日本論というのは目新しい話ではありません。オリジナリティーを主張される方が「ロックフェラーが次の世界の覇権は中国と決めた」だとか、「小沢一郎が日本で一番偉大な政治家だ」とか、極端な主張や事実として確証が取れないことさえ言わなければ、属国日本論それ自体は別におかしな話だとは思いません。

ただし、平成以降の日本がアメリカの属国だったと言われると、まじめな反論をひとつ言っておきたくなります。平成以降に限ると、歴代政権中、きちんとアメリカの属国をやっていたのは、小泉純一郎総理だけです。他は「属国」ですらありません。竹下登から現在の安倍晋三まで、小泉さん以外の誰が真面目にアメリカの属国をやっているでしょうか。

「アメポチだ」「アメリカの犬だ」と言われながらも、小泉総理は、九・一一テロのとき、即日、アメリカへの支持を表明しました。このような肝心なときに真っ先に支持を表明することの意味を、小泉総理はわかっていたからに違いありません。

九・一一の翌年、二〇〇二年九月に小泉総理が平壌に飛び、北朝鮮から拉致被害者を取り返すことができたのは、そのおかげです。小泉総理が九・一一でアメリカの子分として真っ先に馳せ参じたのに、もしアメリカが「小泉訪朝のときに何が起きてもアメリカの知ったことではない」と言ったら、日本は「それならアンタの子分はやめて、別の親分のところへ行きます。さようなら」と言っていいことになります。日本がきちんとアメリカの属国をやっている限り、アメリカには小泉総理の平壌行きをバックアップするほかに選択肢がないのです。

事実、私との共著『国士鼎談』（青林堂、二〇一六年）で江崎道朗先生が語った話によりますと、アメリカは小泉訪朝のとき、第七艦隊をスタンバイさせていました。いつでも戦闘機を出せるように準備し、もしものときには平壌を空爆する態勢を整えていました。当然、北京とも裏で根回しをしていたはずです。アメリカは、そこまで腹を括って小泉総理をサポートしていたのです。

北朝鮮は生き残ることに執念をかけて行動している国です。金ではなく、殺すか殺されないかという論理で動く。サバイバルに必死な小国ですから、なおさら金では動きません。だからこそ、北朝鮮は怯えたし、拉致を行ったことを認めて被害者の一部を返してきたのです。

小泉総理が訪米してプレスリーの真似をして踊ったときに、まさに属国の姿だと、屈辱感を覚えた人も多かったでしょう。しかし、小泉総理が親分のアメリカのお家の大事である九・一一で即座に「憲法の制約はあるが、その中で最大限の貢献をする」とはっきり言ったからこそ、アメリカのバックアップを得て、ここまでの譲歩を北朝鮮から引き出したのです。

アメリカの属国が嫌だから中国の属国になろうというような素っ頓狂なところまで行くと困りますが、日本はアメリカの属国だ、情けない、という気持ちはよくわかります。保守の言論人の大御所が、「日本はアングロ＝サクソンの靴の裏を舐めるべきだ」というのに近いことを口にするのですから、つくづく嫌になるのも無理はありません。ましてそういうことを言っているのが、高平小五郎《たかひらこごろう》という日米関係で極めて重要な外交官の名前すら知らずに外交史を語る某故外交評論家だったりするのですからなおさらです。高平・ルート協定といえば、高校の教科書にも出てくる重要事項なのですから。

外交史料館に行くと、初代外務卿の澤宣嘉《さわのぶよし》から歴代外務大臣の名前がずらりと並んでいます。

外交史を語るなら、その全部を頭に入れておくのは当然です。歴代総理と歴代外相がどんなことをしたか、すべて諳《そら》んじているのは序の口で、さらに主要国の大使や重要な役割をした外交官については、次官・局長クラスまで知っていなければ外交史の専門家とは言えないのです。ところが、某故外交評論家が著作で語ったのは陸奥宗光《むつむねみつ》、小村寿太郎《こむらじゅたろう》、幣原喜重郎《しではらきじゅうろう》、東郷茂徳《とうごうしげのり》、重光葵の五人についてだけで、石井菊次郎《いしいきくじろう》のような卓越した外交官さえ、どうやら視界に入っていなかったようです。

石井菊次郎といえば、他の小著でも何度か指摘していることですが、ロンドン宣言加入という、特筆大書すべき功績を挙げています。一九一五年、第一次世界大戦で、日本は「勝手に戦線離脱はしない。最後までつきあう」と、英仏露三国のロンドン宣言に参加しました。このことで日本は第一次大戦後のベルサイユ会議で大国として遇されることになったのです。

保守系の評論家の先生方が集まって、日清戦争戦勝一二〇周年で陸奥宗光を讃え、日露戦争一一〇周年で小村寿太郎を讃え、次はロンドン宣言の石井菊次郎を讃えるのかと思って待っていたら、なぜか南京の真実を求めようという、よくわからない集会を開いていました。外交史の知識が足りないのでしょう。お里が知れるとはこのことです。ここまでいくと憐れとしか言いようがありません。

日清戦争の下関条約を結んだ陸奥宗光、日露戦争のポーツマス条約を結んだ小村寿太郎と来たら、次はどう考えても第一次大戦ロンドン宣言の石井菊次郎でしょう。そんなことも知らない人たちに日本の歴史について若い人に説教されても困ります。

話を某故外交評論家に戻します。この方によると、戦前日本の致命的失敗は日英同盟を切ったことと対米開戦だけなのだそうです。ということは、国際連盟脱退はよかった、という話になってしまいます。実際にはあれが決定的にイギリスを敵に回してしまったのですが。

この方の困るところは、同盟と従属の区別がつかないことです。外交史を知らずに外交を語って、とにかく日本は歴史的にアングロ＝サクソンについていけばいい、日米同盟でアメリカに頼っていれば間違いないようなことを言う人が幅を利かせているから、単細胞的な反米ナショナリズムを絶叫するＴＰＰ亡国論や属国日本論がある種の妙な説得力を持ってしまうのでしょう。

陰謀論への対処は幕末の志士たちに学べ

ここまで、アメリカ陰謀論の最も基本的なプロトタイプである宇野正美大先生の「世界の支配者はユダヤ=ロックフェラー」説から始まって様々な陰謀論を紹介してきました。楽しいものから気が滅入るものまで色々ですが、どれも「こんなものに騙されてはいけない」という点は共通です。どのように対処したら、騙されずに正しいことを見抜くことができるでしょうか。

答えは、幕末の志士たちにあります。徳川吉宗が漢訳洋書輸入の禁を緩和して以来、幕府の重臣から各藩の下級武士たち、商人たちに至るまで、インフォメーションが少ない中であらゆる力と知恵を絞りながらインテリジェンスを働かせてきました。江戸幕府の老中たちも、ウィーン体制（ナポレオン戦争後の英仏露普墺五カ国を中心とした国際秩序）のことを知っていたほどです。インフォメーションが限られていた中で、「五大国のひとつにケンカを売ったら他の四カ国がついてくるから危ない」と思い込んでしまったような間違いもありましたが、ペリー来航以降は飛躍的に情報量が増えたのに伴ってインテリジェンスも高まっていきました。

そして、勝海舟のところに坂本龍馬が乗り込んだときの有名な会話、「ここにイギリスという国があって、ロシアという国がある。そして、日本はここだ」という、地政学の結論に行き着くわけです。

これこそまさに、陰謀論への対処の方法ではないでしょうか。まっとうな学問をやっている人でなければインフォメーションを操ることはできません。生情報の前に、インテリジェンスの基礎となる知識・教養を身につけることが必要なのです。

ではアメリカについてはどうでしょう。アメリカ大統領は世界最高の権力者なのか。アメリカ大統領にはどうやったらなれるのか。それには大統領選挙のルールを知らなければなりません。第二章では、アメリカ大統領選挙について解説していきましょう。

第二章

アメリカ大統領選挙のルール

～アメリカを近代国家だと思ってはいけない～

上から「米墨戦争」「アメリカ合衆国議会議事堂」
「南北戦争」「ホワイトハウス」「連邦議会」

ハマコーが日本政界のNo.3だと勘違いしていた頃

十三歳の中学生だったころ、「世界の支配者はロックフェラーというユダヤ人だ」と信じていました。幼稚な陰謀論にはまって、「世の中、こうなっているのだ！」などと勘違いしていたのです。

さすがに「ロックフェラーはユダヤ人ではありません」という超基本的な事実を知ってからは与太話には簡単に騙されなくなりましたが、さりとて世の中の仕組みがわかっていたわけではありません。

私が中学生のとき、竹下登自民党幹事長が総理大臣になりました。ニュースを聞いていると、「竹下氏の対抗馬の二階堂進《にかいどうすすむ》元自民党副総裁、出馬を断念」「竹下氏の他、安倍晋太郎《しんたろう》自民党総務会長、宮沢喜一大蔵大臣が出馬」「中曽根康弘首相の裁定で竹下幹事長が後継に」と断片的に伝えられるのですが、何が何だかわかりません。

自民党という政党があるらしいのは知っていたのですが、どういう人たちなのかよくわかりませんでした。ロックフェラーだか〝鎌倉の老人〟だか知らないけれど、どこかにいる黒幕の支配下にある政治家の集まり？　くらいに考えていました。単語もよくわかりません。副総裁と幹事長のどちらが偉いのかがちんぷんかんぷんですし、総務会長って何なの？　です。

当時、「ハマコー」のあだ名で通っていた暴れん坊代議士の浜田幸一《はまだこういち》というオジサンがテレビによく出てきていましたが、はじめて見たときこの人は自民党副幹事長の肩書でした。竹下内閣ができたとき、「No.2の幹事長には安倍晋太郎氏が就任」「安倍氏の就任は竹下氏の後継の含み」という解説を聞いていたので、「そうか、竹下さんの次は安倍さん、そしてその次はハマコーさんが総理大臣になるのか」などと勝手な思い込みをしていたほどでした。

仕組み（ルール）さえ知っていれば、「ハマコーが日本政界No.3の実力者」などと勘違いをするはずがないのですが、我ながら恥ずかしい過去です。

しかし、そもそも論ですが、なんで総理大臣が次の総理大臣を指名できるのか、何がなんやらよくわかりません。

それはそうでしょう。総理大臣の決め方（ルール）がよくわからないのですから。野球とかアメリカンフットボールとか、なんでもいいですが、ルールがわからないのにゲームがわかるわけがないのです。サッカーとかバスケットボールならまだいいですが、将棋とか囲碁なんてルールがわからなければ、ゲームの内容を理解できるわけがないのです。

社会の決め事である政治にもルールがあります。だから「中学生くらいの倉山満くん」のような、社会に関心はあるけれども今一つよくわかっていない人たちのために書いたのが『総理の実力官僚の支配　教科書には書かれていない「政治のルール」』（TAC出版、二〇一五年）です。ご一読ください。

同書は日本を中心にした本で、補助線的にアメリカの制度を叙述しているので、本書ではアメリカの、特に大統領選のルールを詳述したいと思います。


今年、二〇一六年に行われるアメリカ大統領選挙は、八年ぶりに共和党、民主党、ともに党内の候補者を絞る予備選挙から入っています。本書を執筆している二〇一六年五月現在、両党とも、既存の権力機構や支配層という、いわゆる、「エスタブリッシュメント」の支持を受けていない候補が健闘しています。共和党ではトランプ氏が、民主党ではヒラリー氏のリードはまだ大きいものの、サンダース氏が大衆の支持を集めていることで、米国内で候補者選びの段階から盛り上がりました。

アメリカは、もちろん日本とは国の成り立ちも文化も違います。当然、国策の決定権を持つ政治家を決める選挙のルールにも違いがたくさんあります。第二章では、アメリカ大統領選挙を通して、アメリカ人の考え方を知り、そこから今後の日米同盟など、日本にも影響が及ぶ点を考えてみましょう。

織田信長で止まっている国

まず、選挙のルールに入る前に、大まかにざっくり言うと、アメリカは「織田信長で止まっている国」「豊臣秀吉以前の国」です。どういうことかと言うと、アメリカは「織田信長が幕府を開いたら、こうなる」という国だからです。さっぱりわかりませんね。だと思います。一つひとつ説明しますので、ご安心を。

「銃を持つことが人権だ」とか、「democracy with a gun」(「銃と共にある民主主義」)と言って、法の支配のための市民の武装解除すらできていませんし、する気配もありません。逆に、市民が「これがアメリカの伝統であり、誇りであり、絶対にこの権利は奪わせないぞ」という動きが強まっていて、市町村によってはオープンに銃を持つことが義務の町もあるくらいです。さすがに日本の室町時代ほど混沌とはしていませんが、豊臣秀吉の「刀狩」以前の段階なのです(室町時代の日本人離れしたカオスっぷりは、青林堂の『倉山満が読み解く太平記の時代』をご参照)。

『ビバリーヒルズ高校白書』というドラマにも描かれていたように、アメリカ人の理想の家は丘の上にあって、壁に囲まれています。アメリカ人は誰に襲われるか分からないという恐怖感が建国の本能なので、見晴らしの良い場所で、自分の土地を壁で囲んで守り、さらに銃を持って、自分の身は自分で守れることが市民の証という世界観です。日本の壁がない文化とは対照的です。

以前、「服部君事件」という、ハロウィンのときに、日本人留学生が他人の家の敷地に入ってしまい、殺されてしまったという事件がありましたが、結局、殺したアメリカ人は無罪になっています。アメリカではそれが当然の反応だということですが、日本はナマハゲの文化ですから、分かりにくい感覚でしょう。アメリカでナマハゲが「悪い子はいねが」と言いながら私有地の境界の中に入ったりしたら、いきなり撃たれて死人が出るという話なわけです。不法侵入者は殺していい、むしろ積極的に殺せ、がアメリカ文化なのです。

銃へのアメリカ人の拘《こだわ》りは、全米ライフル協会（NRA）という絶大な力を持つ圧力団体を考えればわかると思います。日本でたとえると、公明党以上の権力を握った石山本願寺のようなものです。今、『ヤングマガジン』（講談社）で連載中の『センゴク』（宮下英樹作）という長編漫画に出てくる紀州雑賀《さいか》党がアメリカ人だと思うと、分かりやすいかもしれません。

ざっと説明をすると、昔、男女問わず村人全員鉄砲が撃てるという自主独立の地域が今の和歌山県にありました。織田信長は近畿地方をほぼ全部制圧しているのに、和歌山県だけは死ぬまで攻略できず、豊臣秀吉が十万の大軍を率いて、本州と四国と淡路島と、三方から同時に攻め込んで、やっと攻め落とせたという凶暴な人たちの集団です。

日本人はアメリカのことを我々と同じ近代国家だと考えるからわけが分からなくなりますが、あの人たちは基本的に戦国時代の紀州雑賀党が国を名乗って国連に登録していると思えばよいのです。

アメリカの統治機構は「織田信長が幕府を開くとこうなる」と書きましたが、実際、アメリカ連邦政府の役職に江戸幕府のそれを当てはめるとしっくりきてしまうのです。

行政府の長で軍の最高司令官である大統領は「征夷大将軍」。州の垣根を越えてテロ対策や銀行強盗などの捜査を担当するＦＢＩは、関東全域にわたり天領・旗本領・大名領の関係なく火付けと盗賊を取り締まった関八州《かんはっしゅう》火《ひ》付《つけ》盗賊《とうぞく》改《あらため》方《かた》にならい、「全米五十州火付盗賊改方」。

各州の代表である上院議員というのはさしずめ、幕府の要職に就任する資格のある譜代大名が集まった「帝鑑《ていかんの》間《ま》詰大名《づめだいみょう》」といったところでしょうか。こんな調子で財務長官は「勘定奉行」、国務長官は「外国奉行」といった感じで続けてもいいのですが、これくらいにしておきましょう。

統治機構（昔の言葉だと上部構造）は、言ってしまえば江戸幕府と同じです。しかし、社会構造（下部構造）は織田信長の時代のままです。

なぜ、織田信長で止まっている国なのかと言うと、アメリカ人は国際法と連邦法の区別が分からないのです。それどころか、法律が国全体に行きわたっていません。

大統領は国家元首でありながら、実際の権力はそんなに強くありません。征夷大将軍が、宿老全員の同意に逆らうことができないのと同様、アメリカ大統領は議会の三分の二が敵対的になったら何もできません。州はそれぞれの地方で独立性が強いのでさらに介入できません。このあたり、同じ征夷大将軍と言っても、室町幕府の方が近いかもしれません。地方の大名が好き勝手やっていて、宿老全員が結束すれば何一つ意思を通せない。ただし、いざ戦になれば、兵馬の大権を持つ征夷大将軍が独裁権を発揮し、皆は付き従うのみ。しばしば「アメリカ大統領の唯一の仕事は戦争」と言われるのですが、雰囲気は室町将軍に似ています。

そもそも、アメリカは日本列島の二十五倍の土地を、開拓民が不屈の根性で開拓した国です（その途中経過で勝手にインディアンと呼んだ原住民や黒人相手にどんな非道を重ねたかは、ここでは置いておきましょう）。東海岸のワシントンDCで作った法律など、アパラチア山脈を越えたら誰も守りやしないのです。揉め事が起きれば銃を撃ち合って解決するのです。室町時代の関東で、揉め事が起きれば戦で解決したのと同じです。

例をあげると、ヨハン・ズーターという人が自分の土地で金鉱を見つけました。その後、その広大な土地に勝手に人がいっぱい住み着いて、勝手に金を奪っていって、みんな大金持ちになりました。これに対し、ヨハン・ズーターは三十年かけて連邦最高裁に訴え、「これは全部自分の財産だ」と認めさせることには成功しました。けれど、もう三十年も経っていて、住み着いた人たちの既得権益になっているため、国は土地を取り上げられず、連邦最高裁の判決は実行されることなく、ヨハン・ズーターは泣き寝入りしました。その盗られた土地のことをサンフランシスコと言います。

つまり、ヨハン・ズーターの時代のアメリカには法の支配がなかったということです。どこが民主主義と文明だという程度の国です。

私がこの話を知ったのは昭和三一年に出た『三木武吉太閤記』(重盛久治著、春陽堂書店)です。なんと、政局が三度の飯より大好きでおよそ知性や教養とは縁がないと思われていた政治家の三木武吉がズーターの話を知っていて、金の力で天然ガスの権利の売却を迫るアメリカ人に、中国での共産化を促してしまった失敗を日本でも繰り返す気かと、この話を例に挙げ、説教をしたそうです。

さすがに今のアメリカはここまでひどくありませんが、建国百年くらいのズーターの時代までは本当にこんな感じでした。「すみません。自分の身は自分で守るのがうちの方針なので、野蛮だったり、危険だと思われる地域には自己責任で行って下さい」と言うしかありません。要するに、〝天下統一〟ができていないわけです。当然、〝刀狩〟ができていない国で法の支配など実態としてありうるわけがないのです。むしろ〝銃狩〟をしようとしたら、アメリカ人は「人権をはく奪する気か？」と猛烈な抵抗をするという話は、既にしました。

〝刀狩〟と言えば検地ですが、こちらも怪しいものです。

こと選挙に関して言えば、アメリカには戸籍がありません。ですから、選挙権も日本のように二十歳（今年、平成二八年の参議院選挙からは十八歳）になったら自動的に付与される特権ではなく、アメリカ人は十八歳になったら「選挙人登録」というのを行い、自分の意志で権利を主張しなくてはいけないのです。要は、時の政府が国民の数も出自もきちんと把握していない、つまり、太閤検地以前の応仁の乱で止まっている状態というわけです。わが国では太閤検地ほどの規模ではないにしても、天智天皇の時代から戸籍づくりが始まっているので理解できないかもしれませんが。アメリカは移民が好き勝手に入ってきて成立した国なので、日本など普通の国とは感覚が違いすぎるのです。

アメリカは国籍の定め方からして、一般的な国と違います。普通の国は「属人法」と言って、血縁を重視するのに対し、アメリカでは、国内で生まれたら、自動的に米国籍になる「属地法」なのです。海外で出産した米国籍の夫婦の子供が米国籍になるのは、あくまでも例外規定として属人法が適用されるケースです。だから、アメリカ在住の日本人の両親が子供を産んでしまうと、子供は成人のときに、どちらかの国籍を選択しなくてはいけなくなります。今は停止しているものの、徴兵がありますし、他にも色々と生き抜くのが大変ということで、アメリカ国籍の方を選んだという人の話はあまり聞かないですが。

では、この〝織田信長で止まっている国〟の大統領を決める選挙について、ルールを見ていきましょう。

アメリカの大統領になるには――三種類のアメリカ人

ルールの最初に、立候補資格です。

アメリカの大統領になるために一番大事なのは「星条旗への忠誠」です。アメリカ合衆国というのは、現地のインディアン（ネイティブ・アメリカン）を殺すか追い出すかし、イギリスの植民地であることにも反発して、十三の州が今のNATOのような軍事同盟を結んで独立しました。その十三州が、最初は今のEUのような連合を組み，のちに南北戦争を経るなどして今に至っています。もともとが移民の国である上に、連邦を離脱しようとした南部を徹底して殴りつけて抑え込んだのが国民国家としてのアメリカの始まりですから、国をまとめるシンボルは国旗しかないのです。

たまに「日本はアメリカの五十一番目の州になるべきだ～」というようなことを言う人がいますが、そもそもアメリカではいきなり州にはなれません。州の前に、連邦国家における本土未編入の自治領的な準州があって、その下に領土（テリトリー）があります。昔はさらにその下に植民地（コロニー）がありました。

だいたい、日本がアメリカにとってどの位置づけになるかも不明な上、仮になるとしても、もっと親米国家を自認しているカナダとサウジアラビアに失礼で、せいぜい、その次の「五十三番目じゃないか」と突っ込みたくなります。

ちなみに、昔のフィリピンはコロニーであって、ハワイは長らくテリトリーでした。山本《やまもと》五十六《いそろく》という人はこの違いが全く分かっていなかったから、「真珠湾攻撃」に対する米国人の反応を正確に予測できなかったわけです（この辺の詳しいことは、一連の小著をご参照下さい）。

少々話がずれましたが、この州として認められる前の段階があるということを如実に表しているのが、国旗のデザインの変遷です。アメリカ国旗は、州が増えるごとに星が増えていきます。準州が州に格上げされるたびに国旗のデザインを微修正しているのです。

現在の国旗は二十七代目で、ハワイが州に格上げされた一九六〇年から使われているものですから、まだ半世紀と少しの歴史しかありません。

根本的には、アメリカは移民の国であり、州の自治も強いので、外国人参政権を一部で認めている町も存在しますが、あくまで例外です。今はコロニーはありませんので、「テリトリー、準州、州」の順で格付けが上にあがっていく段階です。一段階上がるごとに、オウム真理教なんて子供の遊びというような星条旗への忠誠を徹底していくのです。公立の学校では毎朝、「忠誠の誓い(Pledge of Allegiance)」というアメリカ合衆国への忠誠心の宣誓をします。これはよく国の公式行事でも暗誦され、米国議会の会期もまた、忠誠の誓いの暗誦で開始されます。

〝I pledge allegiance to the Flag of the United States of America, and to the Republic for which it stands, one Nation under God, indivisible, with liberty and justice for all.〟
(和訳：私はアメリカ合衆国国旗と、それが象徴する、万民のための自由と正義を備えた、神の下の分割すべからざる一国家である共和国に、忠誠を誓います。)

これを小学校から高校まで、毎朝暗誦するのです。
また、国旗規則というものがあります。忠誠の誓いは星条旗に顔を向け、右手を左胸の上に置き、起立して暗誦するとか、軍服を着ている場合は無言のまま国旗に顔を向け、軍隊式の敬礼を行うなどがあります。国旗掲揚においては、同じポールに飾る場合、いかなる旗も星条旗の上に掲げることを法律で禁じています。十年ほど前には、ある米国南部のレストランで星条旗の上にメキシコの国旗を掲げたポールを見つけた元米軍兵が「自分の国の中でこんな侮辱は受けない」と言って、星条旗の部分を切り取り、持ち帰るという事件も起こっているほどです。

勘違いした日本人の中には「一億人の日本人は多数派だから、いっそアメリカ五十一番目の州になって乗っ取ってしまえ」と薄っぺらいことを言う人がいますが、骨の髄まで星条旗に絶対の忠誠を誓うまで州にはさせないという、合衆国のルールを知らないから言えるのでしょう。

この星条旗への忠誠の度合いを測る基準は、大統領と副大統領の被選挙権に表れています。これは、生まれたときから米国籍であり、なおかつ、米国居住歴が十四年以上の三十五歳以上となっています。つまり、生まれたときから米国籍を持っていても、外国暮らししかしたことがない人や、人生の途中から国籍を持っただけの帰化人は大統領にも副大統領にもなれないということです。外国人大統領・副大統領を認めない。だから、元オーストリア人のアーノルド・シュワルツェネッガーや元ドイツ人のヘンリー・キッシンジャーは米国に帰化して、国籍は持っていますし、州知事や国務長官などの行政に関わる仕事に就くまではできましたが、大統領に立候補する資格はありませんし、大統領のペアとして、副大統領に選ばれることもありません。

そして、被選挙権を持つ大統領候補者は正式には一年、立候補を表明してからの準備期間も入れるとそれ以上に及ぶ、長丁場の選挙を戦わなければなりません。一年もかけるというのは、絶対に独裁者を出させないための仕組みです。選挙戦の過程で、それぞれの候補者のことが洗いざらい分かるようになるので、一応、ヒトラー的なカリスマにはならない、というメリットがあります。正確に言うと、ヒトラーではなくて、アメリカ独立戦争が起きたときの英国王、ジョージ三世にさせないということです。ついでに言うとヒトラーはイギリス国王のことを「暴君ぞろい」と言いますが、ジョージ三世はその暴君筆頭のような王様でした。

以前、アメリカ人の三種類という分類をしてみたことがあります。

第一のタイプが織田信長で、別の言葉で言うとグッド・アメリカンです。司馬遼太郎が描く織田信長はまさにアメリカのグッド・ビジネスマンで、即断・即決に加え、非情な決断もできる。

そのかわり、仕事ができる有能な者にはフォローを全開で、金払いも良いという感じです。織田信長の実像ではなく、あくまでも司馬遼太郎が『国盗り物語』などで描いた信長像ではありますが、これこそが一般的なアメリカ人が求めるリーダー像であり、共和党候補のトランプの人気はここにあるでしょう。

二番目のタイプが高師直《こうのもろなお》です。古典『太平記』によれば、高師直は神仏を畏れない現実主義的な人物で、特に権威に対しても、「王が必要ならば、本物は島流しにして、金か木で作れば良いんだ」と放言したことが記されています。これが、一度もアメリカの土地に入ったことがないのに勝手に権威として君臨し、重税を取り立てるジョージ三世という英国王に対して、強烈に反発する態度に表れているでしょう。セオドア・ローズベルトなどが代表的な例です。新渡戸稲造《にとべいなぞう》の『武士道』を読んで、「この本はすべてアメリカ人に当てはまる。新渡戸が天皇陛下と書いているところは星条旗と置き換えて読めば意味が通じる」と語ったといいます。まさに「金か木」の代わりに、「旗」です。

そして、三番目がウッドロー・ウィルソンに代表されるような一般のアメリカ人ですらついていけないブッ飛んだ宗教原理主義者です。今でも「麻薬を即時廃止しろ」とか、「強姦の場合でも中絶反対！　中絶する産婦人科医は殺してしまえ」といった類の、常識はずれの人たちです。しかも、この人たちの影響力が下手に高いので困りものなのです。

こんなバラバラの人たちが自分たちの代表を選ぼうというアメリカ大統領選挙ですから、時間もかかりますし、議論も喧々囂々《けんけんごうごう》となるわけです。

選挙の流れ――田中角栄などクリーンな政治家

実際の選挙ですが、一月から六月までは予備選挙と言って、共和党と民主党がそれぞれの党の候補を一人に絞るために、州ごとに選挙を行います。これがまたアメリカの実態を理解するキモです。

そもそもアメリカ合衆国は違う国どうしとも言える州が集まってできた連邦国家なので、共和党と民主党というのは、州ごとにある派閥なのです。南北戦争にしても、きっちり一つの州の中が統一されて、北軍につくか南軍につくかを決めたのではなく、州の中で南北に分かれたりしているところもありました。それぞれの勢力範囲を正確に描写すると半月を描いていて、南西部は北軍につき、南東部だけが包囲されながら戦っていたという図式でした。南北戦争が終わったとき、下手に融和を言ってしまったが故に、それぞれの州に共和党と民主党がいることになってしまいました。

一口に北部は自由州で、南部は奴隷州と言われますが、南北対立の大前提を復習しましょう。南部は奴隷を家畜のような財産として扱いましたが、北部の「奴隷解放」というのも、単に「黒人なんか追い出して、白人だけの国を作ろう」という話であって、黒人と白人を対等に扱うということではありません。

また、黒人は白人によるインディアン狩りの手駒として利用されていました。なぜインディアン狩りが成功したかと言うと、黒人をインディアンに差し向けたり、敵対するインディアンの勢力を別のインディアンの部族を使って叩きのめしたりなど、実はインドでイギリスがやっているのと一緒のことをやっていたからです。また、インディアンの方も一致結束して白人と戦ったことは一度もありません。ですから、各個撃破されています。

大統領選挙の話に戻ります。先ほど述べたように、南北戦争のときに、共和党の原型と民主党の原型がそれぞれの州内にあって、リンカーンは分裂を避けるために副大統領のジョンソンを民主党から採っています。だから、南北戦争は一応、北対南とはなっていますが、そんな単純な話ではなく、それぞれの州の中でも対立があるという構造のまま、現在までできています。そして、南北戦争は最終的に南東部だけを敵にして半包囲することに成功したという戦いなので、黒人差別ということでは北も南もあまり変わりません。

結局、J・F・ケネディのような民主党出身の大統領がずっと後に黒人解放をやったわけで、つまり、アメリカというのは全米五十州にそれぞれ共和党と民主党がいて、アメリカ大統領選挙というのは四年に一回、しかも州ごとにやっている南北戦争なわけです。それに加えて、南の方からヒスパニックが大量に入って来たり、西海岸ではチャイナやコリアが団体として動いたりするので、どちらの党もそれらの票田を確保するための政策や方針を打ち出さなくてはならないという、利害が複雑に絡んでいる状況です。

この州ごとの選挙は二月にまず、アイオワ州で、党員集会という政党の大統領候補を決定するための地区レベルによる党員の会議において、選挙をやることから始まります。さらに、ニューハンプシャー州は予備選挙の皮きりで、無党派層も選挙人登録がしてあれば、共和党、民主党のいずれかの予備選に投票できるので、世論の動向を見るのに重要視されています。

ここで説明しておくと、この予備選挙は、間接選挙です。有権者は大統領候補者に直接投票するのではなく、選挙前に投票する大統領候補を宣言している代議員に投票します。代議員は各候補の支持者、支援団体の代表者などからなっていて、代議員の人数は人口に応じて、各州に割り当てられています。一応、それぞれの代議員は自由投票という形になっていますが、公約をしているので、選挙結果に影響が出たような裏切り投票をした人は過去一度もいません。これは、イギリス的間接民主主義を導入しているのと、建国当初のアメリカが貴族国家だったことの名残です。アメリカが建国当初から民主主義国と思っている人も多いようですが、共和国というのは王様がいない貴族の楽園のことなのです。だから人民の直接投票ではなく、イギリス的な間接投票なのです。

このややこしさに加えて、州ごとに選挙制度が違ったり、共和党と民主党でもそれぞれ投票のルールが違ったりしているので、選挙結果に大きな影響を及ぼしたケースもあります。

例を挙げると、二〇〇〇年のジョージ・ブッシュ（二代目）対アル・ゴアの大統領選挙のとき、総得票数ではゴアの方が多いのに、ブッシュの方が州ごとに獲得した代議員の数では勝っていたので、代議員数の多い最後のフロリダ州の有効票までもつれ、ねじれ現象が起こりました。結局、両方とも裁判に訴えて、最後は最高裁判所（連邦最高裁）の判決で決着をつけます。ゴアが「フロリダ州の開票に不正がある」と訴えて州最高裁に認めさせたらブッシュも連邦最高裁に訴え、「フロリダ州の判決は違憲である」との判決を引き出し、勝利したという事件です。

このときは、ロシアのプーチンにまで「なんで直接選挙でやらないんだ」と皮肉を言われてしまう始末でした。

アメリカの間接選挙方式には不正の噂が絶えません。ケネディ対ニクソンのときも不正選挙の噂がひどかったのです。ニクソンは冷戦真っ只中に民主主義のチャンピオンの国で不正が行われたということが知れ渡ったら国際情勢が変化してしまうと言って、泣き寝入りしています。

話をまったく横道に飛ばしますが、ニクソンはその後、カリフォルニア州の知事選挙に出たものの、負けています。しかし、ジョンソン大統領がベトナム戦争でぼろぼろになった後、その優秀さから復活できるチャンスがきたので、「人間、万事塞翁《さいおう》が馬」とも言えます。映画の『ニクソン』はこの辺りをハリウッド映画とは思えないほど、もの悲しく描いています。学生時代は奥さんのアッシー君をしていたり、ケネディの肖像画を見ながら、「アメリカ国民は、君には希望を見る。私には現実を見る」というセリフがあります。

彼は、クウェーカー教徒なので、基本的にヘタレです。そして、そういう人が切れると、タカ派になって、「デモクラシー・ウィズ・ガン」となるわけです。結局、自分が殺されたくないから、銃を持つということです。

私は、憲法九条を本気で信じている人間をアメリカのような国に放り込むといきなり核武装論者になってしまうというような例をいくつも見てきました。ですから、「もし、日本がもう一度アメリカと戦争して、勝ち、こちらが軍事占領するようなことがあれば、憲法九条を押し付けてあげれば、喜んで受け入れるのでは?」というようなことが言えるタカ派評論家が一人くらいはいてもいいと思うのですが。

基本的には、選挙というのは戦争の代替品です。大統領選挙というのは軍事カリスマを選ぶ選挙なわけです。私は学生時代に弁論部にいたので、日本の色々な政党で選挙のバイトをしたことがありますが、そのときの秘書やバイトの合言葉が、「選挙は戦争だ！」でしたし、後半になると、「勝てば無罪！」というのもありましたし、「勝てばボーナス、負ければ刑務所！」というのもありました（笑）。弁論部から弁論活動を抜いて政治活動だけやっているという早稲田大学鵬志会ぐらいの手練《てだれ》になると、逮捕されないように、最初から勝ち馬で時給の高い候補者のところにしか選挙バイトに行きませんでした。私も、大学一年生で人生最初のバイトが選挙事務所でしたが、不思議と危険からは逃れていました。「東京に出てきて最初にやったアルバイトが選挙」とかいう女の子は可哀そうで、半ズボンの野球のユニフォームを着せられ、チアガールのように手を振って歩いていたら、警察にしょっぴかれて連日取り調べを受けるという苦い経験をしていました。「勝てば無罪、負ければ警察」が昔の日本の選挙なのです。そういうことがあったので、私は負けそうな候補のときには公示日にポスターを貼ったらそのまま消えて事務所に姿を現さない、という技を使っていました。ちなみに、東京の事務所で最も時給が高い楽勝バイトと言われていたのが●●●夫事務所だったそうです。今の日本は、平成の政治改革でお金に関しては飛躍的に綺麗になりました。この原稿を書いている最中にも「都知事が公金をちょろまかして温泉に行った」というどうでもいいような話をしていますが、昔の日本なんて白昼堂々総理大臣が五億円の賄賂をもらったかどうか、みたいな話ばかりでした。

そうした金権腐敗政治の中でも、とびぬけていたのが★★★選出の代議士、★★★★です。対立候補の★★★★との抗争はすさまじく、選挙戦が近づくと自分たちの陣地をバリケードで囲んで、選挙民を囲み合っていたというのです。事務所を訪ねると、食事が振る舞われ、「お土産のおにぎりの具は、聖徳太子」と言われました。聖徳太子が肖像画だった一万円札がラップでくるんでおにぎりの中に入っていたのです。途方もないお金が飛び交っていました。徳之島はさすがに「日本で唯一、国連の選挙監視団が必要な土地」と言われていましたが。

さて、本道に戻ります。アメリカの選挙は政治献金に関するルールも日本と違うので、「全ての議員が合法的に★★★★」です。なにせ、敵国から政治献金を受け取っても、渡した人間がロビイスト登録していれば合法というロビイスト法が存在する国なのですから。確かにアメリカの政治献金の流れはガラス張りで透明ですが、癒着があまりにも強固すぎて、対抗馬の立ちようがないのです。だから選挙民は、「あ、実力政治家に大企業がロビイストを使って多額な政治献金をしているな」というのはガラス張りで見え見えなのですが、特に何をしようとする気力が起きるでもなく、なのです。

毎回、共和・民主両党の有力候補には使いきれないぐらいの政治資金が集まります。資本主義国の選挙というのはお金を集められて当然なのです。お金が集まれば、必ず勝てるというわけではありませんが、お金を集められない候補は負けます。

日本では私が尊敬する大正時代の政治学者の吉野作造《よしのさくぞう》先生も、「選挙を全国展開にして選挙区を広くすれば、金権政治はなくなる」と、珍しく妄言を吐いていました。田中角栄という人が昭和五三年の自民党総裁選挙で、ローラー作戦というものを展開し、日本全国を買収したのを是非、ご覧になっていただきたかった。吉野先生が生前に蛇蝎《だかつ》の如く攻撃していた原敬《はらたかし》や田中義一《たなかぎいち》の何十倍も批判したに違いありません。しかし、そんな田中角栄もアメリカでは金権政治家の部類に入りません。

選挙にはお金がかかりますから、金権政治がなくなることはなく、金権政治の質が変わるだけだということも理解しておくと良いでしょう。アメリカの場合、土地が広いので、選挙運動が盛り上がるかどうかはテレビCMにかかっています。ドブ板で買収して歩くよりも、ここにお金をかけます。

アメリカでは共和党と民主党の二大政党からでなくても、独立候補として立候補することは可能です。ただしその場合、州ごとに一定数の署名を集められないと、投票用紙に名前が載りません。当然、代議員の票も得ることはできません。恐ろしく二大政党に有利な制度になっており、いまだかつて、二大政党以外から全米五十州で出馬できた人はいません。

では、この二大政党が近代政党かと言うと、頭の中身は織田信長で止まっているのですから、もちろん違います。前近代的な人たちが、選挙戦術だけ超近代的ということです。利権集団と宗教的信念が結びついているので、喩《たと》えるなら、室町幕府と石山本願寺がハイテク兵器を使って戦っているようなものでしょうか。そして、それぞれの中に派閥があるので、共和党も民主党も全然一枚岩ではありません。

だから、予備選挙でも、ものすごい火花の散る論戦が繰り広げられるわけですが、予備選挙の中でも、大きいのが二月もしくは、三月にある「スーパーチューズデー」です。このときに一気に十数州で予備選挙が行われて、党内の候補者がだいぶ絞られてきます。四月にはニューヨーク州のような激戦区で行われ、六月まで続きます。

ちなみに、選挙の投票日はいつも火曜日で、だから、「スーパーチューズデー」と呼ばれます。この理由は、アメリカが歴史的に長く農業社会だったので農民の投票場までの移動距離が長かったこと、また、クリスチャンの国でもあるので、日曜の教会の後でないと投票に出かけられないことが考慮されたからです。月曜日の投票では移動がきついから、火曜日が選ばれたわけです。本選の投票日が十一月の最初の月曜日の翌日というややこしい設定になっている理由は、農閑期の十一月なら、投票のための旅行がしやすいだろうということと、十一月一日がカトリックの祭日なので、ぶつからないように十一月の最初の月曜日の「次の日」としたということです。

今年、二〇一六年の選挙は予備選挙から共和党も民主党も盛り上がっていますが、これは、四年前と違って、現職大統領が次の大統領候補になれないからです。四年前は現職のオバマが二期目のための候補者だったので、民主党では予備選挙がありませんでした。現職の大統領を否定することは自己批判につながるので、起きにくいですし、知名度を広げる必要性もないので、普通、現職大統領側が圧倒的に有利です。

ビル・クリントンの二期目のときなどは、もう勝ち目の絶対ない選挙だったので、共和党側は上院のボスのボブ・ドールを無理やり立てて、嫌がらせをしたということです。七十三のお爺さんを全米何州、何時間耐久演説マラソンというようなわけが分からないことをやって、全国行脚をさせたのです。

「上院のボス」という話が出たついでに言っておきます。『総理の実力　官僚の支配』で詳しく書いたように、議会のボスには五十年間国防委員長とか、外交委員会委員長とか、ハチャメチャなのがいます。日本の外務省はどうしてそういう人物にロビイングをしないのでしょうか。

大正期、我らが石井菊次郎はちゃんとやっていました。当時のウィルソン大統領も議会も聞き分けがないので、国務長官のランシングをつかまえて交渉し、「石井・ランシング協定」（一九一七年）をとりつけています。

脱線ついでにもうひとつ言っておくと、日本の歴史学者の中には、この「石井・ランシング協定」には議会の承認がなかったから条約ではなかったかのような言い方で難癖をつける人がいます。

確かにこれは単なる行政協定なので、議会の承認は要りません。実際、日本は他にも「日本・クウェート地位協定」（二〇〇三年）や「日本・ジブチ地位協定」（二〇〇九年）というものを国会を通さずに結んでいます。ですから、いわゆる法律用語の厳密な条約ではないと言われればその通りですが、外国との約束という意味で、広い意味での条約ではあるのです。この協定によって支那をめぐる日米の争いを止めたのですから、重要な意義のあるものでした。

最近の外務省は劣化が激しく、世界史の重要事項、「石井・ランシング協定」のことを首相のブレーンまで務めた某氏も知らなかったほどです。日本ではそんな人物でも外交評論家をやれてしまいますし、外交官試験も一般の国Ⅰ（国家公務員Ⅰ種試験）と一緒になってしまい、歴代の外務大臣全員の事績を言えないような人がほとんどです。

大統領選に話を戻します。六月に予備選挙が終わると、七月にそれぞれ党大会があります。ここで正式に党の公認候補が決まり、党の結束を確認するセレモニーを行います。共和党は反トランプ派が連合を組もうとする動きもあったようですが、不正をして無理やり引きずりおろしても党の結束が保てないでしょうし、アメリカ国民も納得しないので、当選後の人事に関する意見の交換などで折り合いをつけることでしょう。

八月以降は本選挙で、これは一対一のテレビ討論を中心に、それぞれの州を回り、遊説します。どこで遊説大会をやるかというのが勝負で、もう日本とは比にならないくらい、戦術を考えて動きます。日本では選挙公示後に人口が少ない場所に行ってしまうような人もいますが、アメリカは広すぎるので、限られた時間で効果的にアピールする方法を考えます。

広いアメリカをざっくり見ると、東海岸がＷＡＳＰのいる大都会で、南のバージニア王朝がこけてからは、政治も経済も北に中心があります。そして、西の方に行けば行くほど田舎になって、中西部はほとんど無人の荒野が続き、西海岸のカリフォルニアの三つの都市ぐらいだけが都会という広大な土地です。だから、鉄道で発達した国であるのに、今は移動手段が飛行機という国です。

東海岸や西海岸の一部では新幹線のような高速鉄道を導入しようという動きもあるようですが、飛行機会社は自分の利権を脅かされるので、反発します。また、すでに車社会なので、高速道路でビジネスをしている会社も反発します。それに、やはり広すぎるので、アメリカ人の移動は飛行機か、引きこもりで移動しないかのどちらかになります。飛行機に乗ったことがない人というのもたくさんいますし、州外に出たことがない人もたくさんいます。アメリカ人にとって、他州のことは感覚的に外国なのです。

実際、カリフォルニア州一つとっても日本列島とほぼ同じ大きさがありますし、ヨーロッパのたいていの国より大きいのです。ブッシュ二世のおバカ語録を見ても全部「テキサスでは……」なので、アメリカ国民という意識よりもテキサス人という意識の方が強いことが窺えます。これがアメリカ人の国と州に対する帰属意識の乖離《かいり》や生活圏や文化圏の違いをよく表していると思います。織田信長の時代は尾張と三河は違う土地で、今でも旧駿河や遠江《とおとうみ》の静岡県民が伊豆を同じ静岡だと思っていないのと同じような感覚です。

このようなバラバラな国民にできる限りの政策のアピールをした後は、いよいよ、十一月の第一月曜日の次の日が本選の一般投票日です。これで共和党と民主党のどちらが各州を取るのかが決まり、間接民主制という形式を装って、十二月に形式的に選挙人による投票をやります。選挙人の数は上院と下院を足して、五三八が総数なので、いつも二七〇が当確ラインとなります。そして、一月に晴れて就任式となります。

余談ですが、昔は三月に就任式をやっていたのです。ところが、フランクリン・ローズベルトが十一月に大統領に決まったのに三月まで世界恐慌に対応できず、前任のハーバート・フーバーもレームダックのまま何もできませんでした。あまりにも無駄すぎるということで、一月に早められたのです。

次の大統領が決まってから実際の就任までの間に大きな外交案件が起こるのも困ります。ウィルソンからハーディングに替わったときも、第一次大戦で日本が取ったヤップ島の扱いをどうするかというヤップ島問題がありました。日英仏米の四カ国で話して、日英仏が「日本が戦でとったものだから、日本のもの。その代わり要塞化はしないから、仲良く収めよう」と言って、ようやくアメリカを納得させたのに、まだ民主党がウィルソン政権で、選挙で勝った次期大統領のハーディングが就任前というときにヤップ島問題で抗議してきたのです。

日本側では、「ウィルソンがやるには遅すぎる、ハーディングだとしたら早すぎる」と言われていました。しかし、日本はその瞬間に、ウィルソンもハーディングも狂人だと気づくべきでした。当時からアメリカというのは日英仏三国にとって共通の困ったちゃんなのに、気づかなかった日本の原敬は馬鹿だった、という話なのです。

この時代について、日本の歴史学界では日本対英米の対立の構図がまことしやかに語られますが、そんなものは全部嘘だということがわかります。

神戸大学出身、現在は京都産業大学の教授の高原秀介《たかはらしゅうすけ》氏が『ウィルソン外交と日本　理想と現実の間　1913－1921』（創文社）という学術書を書いていますが、日米双方に出て来る人物全員が真人間で、牧野伸顕《まきののぶあき》もウッドロー・ウィルソンも石井菊次郎も、全員普通の人として描かれています。狂人は狂人として描かないと嘘になるはずですから、これでは実証主義とは言えません。

史料の選び方が恣意《しい》的で、史料を写しているだけの学生の卒論のようなものが日本で一番の研究になっているのが日本の歴史学界の実態です。他にも、史料の偏りが著しく、多角的に史料批判するという概念が欠けているひどい本がたくさんあります。史料のクロスチェックをしないものは、読書感想文であって、論文ではありません。私は卒論の段階で、一つの事実を特定するのに、最低二つの史料から引用しなくてはいけないと思っていましたが、日本の歴史学界ではそんなことはないようです。読書感想文を書いている人が有名大学の権威になっているのですから、頭をかかえるしかありません。

副大統領――人類が作った最も不要な職

アメリカ副大統領の資格は大統領と同じで、生まれたときから米国籍を持ち、十四年以上の米国居住歴がある三十五歳以上の人です。これはいざというときに大統領職を代行する立場なのですから、当然の規定と言えます。

そして、共和、民主の党大会で正式に大統領候補者が決まると、候補者自らが副大統領を指名して、「Running Mate」（伴走候補）として選挙を共に戦います。有権者はこのペアに対して投票をするので、大統領が落ちて、副大統領が受かるなどということは起きません。共和の大統領副大統領候補コンビと民主のコンビのどちらが受かるかという選挙です。

ただ、「共に戦う」とは言っても、大統領候補者は副大統領候補として、あえて自分の政敵や、政策が異なる者を選ぶ傾向があります。あまりにも多様性がありすぎる国なので、自分の出身母体で二人固めても国民に広く支持される結果にはならないからです。実際、南北戦争後に国内の融和を図ろうと、共和党のリンカーンは民主党のアンドリュー・ジョンソンを副大統領に指名しています。これは極端すぎる例ですが、副大統領は大統領が死亡・辞任・免職などで欠けた場合に大統領に昇格するので、大統領からみたら、「自分の死を待つ者」という立場です。この意味からも、必ずしも「仲良し」をペアに選ぶわけではありません。

これまで大統領に昇格した副大統領は九人で、九人中の八人までが、大統領の病死か暗殺という「死亡」による昇格でした。残りの一人が大統領の辞任による昇格です。

〈病死による昇格〉：ジョン・タイラー、ミラード・フィルモア、カルヴィン・クーリッジ、ハリー・トルーマン
〈暗殺による昇格〉：アンドリュー・ジョンソン、チェスター・アーサー、セオドア・ローズベルト、リンドン・ジョンソン
〈辞任による昇格〉：ジェラルド・フォード

こういう立場上、選挙が終わると、お役御免とばかりに存在感が一気に薄くなり、一般のアメリカ人でも現職の副大統領の名前が言えないことがあります。

一応、平時は上院議長という役回りはあるものの、ジョン・アダムズが「人類の作ったもっとも不要な職」と言ったほどの閑職です。政策に関与させてもらえることもほとんどなく、トルーマン副大統領はフランクリン・ローズベルト大統領の病死で大統領に昇格したときに初めて自国の原爆開発プロジェクトの存在を知らされたほどです。この反省で、「大統領になったときに心の準備もできていないのは困る」と、ＣＩＡが共和・民主の二大政党の候補者が確定した時点で、

国家機密も含めたご説明に伺うのが慣例となったほどです。「トランプに国家機密を教えていいのか!?」と話題になったので、覚えている方も多いかもしれません。

副大統領は名誉職で政策には関わらせないので、政敵封じ込めにも使えます。この典型がレーガンと初代ブッシュです。初代ブッシュに「僕はレーガンの悪口ばかり言っていたんですよ」と言われて三木睦子《むつこ》は驚いたそうです。

大統領のお目付け役を副大統領にしたケースもあります。クリントン政権の八年間で無茶苦茶の後、同じ民主党のゴアにやらすわけにはいかないと、WASPが結集して、共和党の御曹司(ブッシュ二世)を立てたときのディック・チェイニー副大統領がそうです。自身の大統領選への不出馬を表明し、実務担当を公言してホワイトハウス入りをしました。

現在は大統領選挙期間中なので、「Running Mate」である副大統領候補にも注目が集まりますが、上記の実態があるので、候補の打診をする大統領候補側も、受けるかどうかの判断をする副大統領側も、駆け引きの真っ最中でしょう。

差別をやめると文化がなくなっていく矛盾

アメリカは国の歩みの中で、発展と称して人種差別を克服してきたようなことを言います。しかし、そこにはご都合主義や偽善があるのが実態でした。南北戦争のときも、南部の奴隷制度は廃止したけれども、州裁判所と最高裁の判例で次から次へと奴隷制度廃止法を無効化するようなことをやっています。北部の方も自由州と言っても、黒人が投票所に来たら、リンチして追い返すというとんでもない慣習がありました。いわゆる「排日移民法」にしても、「キリスト教の白人の優越権を侵害する動きは許容できない」ということが建国から変わらない行動基準とも言えます。

ヨーロッパの法律の本を読むと、アメリカにも不文法がある例としてリンチが挙げられています。しかも、リンチという不文法は未だに生きていて、頻発するヘイト・クライムという犯罪に表れています。まさか、これだけは成文法にするわけにはいきませんが、厳然として、「公民権運動が二十世紀になっても必要だった」という事実が、アメリカに差別が存在することを証明しています。

そもそもリンカーン自身、奴隷解放の戦争をしたわけではなく、あくまで、イギリスのパーマストンを味方につけるための方便でした。詳しくは『嘘だらけの日米近現代史』（扶桑社、二〇一二年）に書きましたが、パーマストンの趣味が奴隷解放でした。だから、パーマストンは北部の味方をしましたが、時々「むかつく」という理由でアメリカを制裁しようとしたりしています。当時のアメリカはその程度の国だったわけです。

そして、そこから百年も経って、ケネディとジョンソンの両大統領の時代になって、ようやく人種差別撤廃に向けての法整備がかろうじて実体化しましたが、その過程で、ケネディも公民権運動のリーダーだったマーティン・ルーサー・キング牧師も暗殺されています。暗殺も不文法の中にあるようなものです。オバマも暗殺されるのではないかという噂が絶えませんでしたが、あまりに何もしないので、大丈夫なようです。

オリンピックで水泳に黒人選手が出られるようになったのもここ二十年くらいです。長らく黒人が水泳競技に出られなかったのは、法律として文書による規定があったわけではなく、不文法によるものです。インターネット上で、「なぜ水泳競技において、黒人選手をみかけないか」という質問が挙がったとき、ある米国の黒人さんのご両親の世代では川以外で泳ぐことを禁じられていたという証言や、ホテルのプールでも黒人のお客が利用したら、一度水を全部換えなくてはならないからという理由で、プールの使用を禁じているという実態が確認されています。

右記のような不文法が解消されつつあるのは良いとして、実は、全ての差別をなくそうとすればするほど、国がバラバラになっていきますし、文化もなくなっていきます。理由がある差別のことを区別と言い、理由のない区別のことを差別と言うので、その境界は本来とても曖昧です。ただ、区別があるということは文化があるということでもあります。だから、これはある種の宿命とも言えます。全ての差別をなくすということは、文化をなくすということにつながりかねないのです。

例を挙げると、日本の戦隊ものがアメリカで放映されるときは、特撮の部分はそのまま放映できるけれども、人間のパートの部分は撮り直さなくてはいけません。アメリカ人にとっては出演者が全員黄色人種ではリアリティーがないので仕方がないかもしれませんが、主な理由はポリティカル・コレクトネス（ＰＣ）で、「全ての人種に配慮した設定」が最優先になってしまうことにあります。作品を作る上で、全ての人に配慮するという行き過ぎたＰＣは、結局文化をなくすことに繋がってしまいます。

けれども、そんな文化破壊されたものを面白いと感じないアメリカの戦隊もののファンは、オリジナルの日本の動画を見て、本家本元のヒーローやヒロインをアメリカに呼ぼうということをやっています。『パワーレンジャー』という戦隊ものは元々『ジュウレンジャー』という作品でしたが、そのヒロインだった千葉麗子《ちばれいこ》さんは何度もアメリカに呼ばれて行っているそうです。

異文化交流という点では、円谷英二《つぶらやえいじ》が『キング・コング』を見て、日本でもこういうものを作りたいと『ゴジラ』を作ったり、逆に、スピルバーグが戦隊ものを見て、『トランスフォーマー』を作ったりという流れがあるのは結構なことです。

四年前の選挙では、共和党を支持する地域はアメリカ本土の地図上で見ると逆Ｔ字形になっていました。面積が広くて人口の少ない南部と中西部が「Red States」、つまり、共和党支持の州です。一方、民主党は、面積が狭くて人口密度が高い東海岸と西海岸を取りました。

前回の選挙が終わったときに、この逆T字形の州を中心に十五の州がアメリカ合衆国から脱退したいという電子請願を出しました。もちろん、リンカーン以来、法律上、合衆国離脱は認められていないので、結局は曖昧に終わりました。また、カリフォルニアがあまりにもリベラルで行き過ぎたことを言っているので、カリフォルニアだけ別な国になるべきだという意見も以前からよくあります。

共和党支持の多い州は、スペイン語圏と接している地域や宗教的にも敬虔なクリスチャンが多いバイブルベルトと呼ばれる地域です。このような地域の人々が、自分の文化が消されそうになっていることに危機感を抱いているということの現れでしょう。

バージニア州の公立学校では、学校に貼ってあるカレンダーにクリスマス（キリストの誕生日）やイースター（キリストの復活祭）が書いてあったところ、イスラム教の生徒がイスラムの祝日もカレンダーに入れてほしいと言ったら、学校側は全ての祝日をカレンダーから消すという手段を選びました。これも、差別をなくそうとすると、文化もなくなるという例です。

他にも、アメリカでの九・一一大規模テロ事件の後ぐらいから、「宗教の自由」を大義名分にして、長らくアメリカで道徳規範として機能してきた聖書にある「黄金律」を公立の学校や裁判所などから撤去してしまったり、なぜか、移民への過度な配慮として、「忠誠の誓い」の暗誦すらなくす、または、強制しなくなってしまっている学校もあります。

今のアメリカは、人種差別だけでなく、あらゆる差別を悪と規定している社会になっているので、男女差別、宗教差別、同性愛者差別などに対する政策の論争が細分化されています。ですから、そのために、大統領選挙の政策論争でも国民が混乱している様子が窺えます。

このアメリカの政治制度や政治状況を理解して観ると興味深いドラマが、『バトルスター・ギャラクティカ』というSFです。宇宙人の侵略で地球が滅び、宇宙船自体が一つの国家として、人類の生き残りが漂流するという設定です。そして、宇宙人の侵略から逃げ回りながら何とか生き延びるためにどうしようかという状況下なのに、ジョージ・ワシントン的な軍事政権の下に一致団結、という展開にはならず、いきなり副大統領が「選挙をやろう」と言って、争いだします。そのときの最大の争点が「中絶の是非」です。

実際のアメリカでも中絶の是非は必ず取り上げられる争点です。その中で、「どんな命も大切だから、授かった命を殺すな。中絶反対！」と言いながら、中絶をやっている産婦人科医を機関銃を乱射して殺してしまうという本末転倒な事件が起きています。

宇宙の果てに追い詰められて人類が滅びそうなときでも、中絶廃止が大事。こんな話がアメリカではリアルに受け取られるのです。

とにかくＰＣがひどすぎて、「私は被差別者だ」と言えば差別ができてしまうという状況は日本の比ではありません。この逆差別に対する反発、逆差別によって自分の自由が侵され、国内の秩序が乱されているという感覚があるのです。トランプのいわゆる「差別」発言が国民に受け入れられているのは、それが理由でしょう。

では、次の三章では共和党、民主党の内政と外交政策の違いなどを理解して、世界はどう変わるか、また、日本への影響はどうなるのかを考えてみましょう。

第三章

アメリカがクシャミをすれば、日本は肺炎になる？

～世界はこうなる～

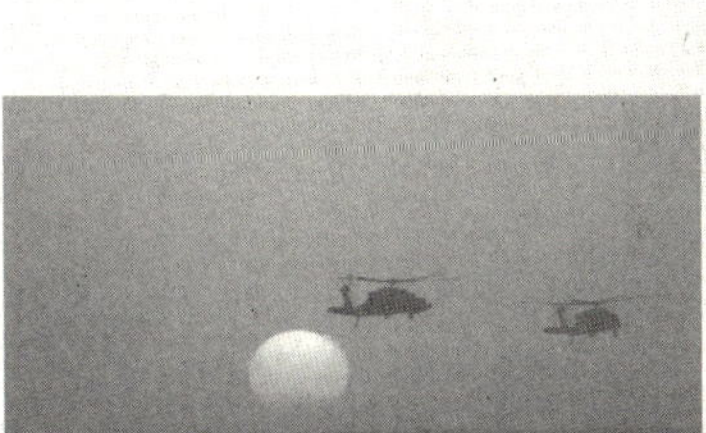

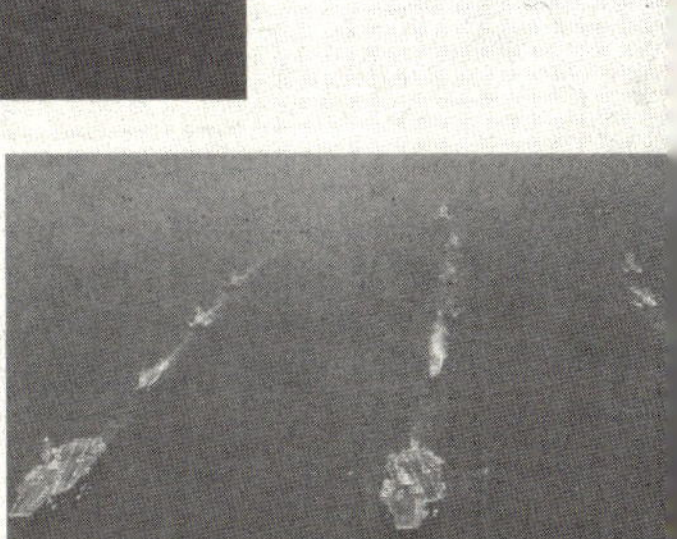

上から「共和党のロゴ」「民主党のロゴ」「イラク戦争」「アメリカ海軍、キティホークなど」「マルタ会談」

世の中のことが知りたい！

忘れもしない高校二年生の冬、衝撃の書に出会いました。戸川猪佐武《とがわいさむ》原作の『小説吉田学校』です。例によって宮脇書店でさいとう・たかをさんの劇画版を立ち読みしたのが最初です。私が手に取ったのは「角福戦争」が扱われていた第八巻でしたが、即座に財布にあった有り金を全部出して税込一〇三〇円のこの劇画を買い、家に帰って貪るように熟読、再読、三読しました。

そうか！　世の中はこういうふうになっているのか！　俺はこの世の真実を知ったぞ！

そう確信した私は、十二歳のとき以来五年間、立ち読みの常連だった宮脇書店で全巻揃え、読みふけりました。それでも飽き足らずに、期末試験そっちのけで原作の小説版全八巻も五日で読破し、完全にこの世の真理を極めたような気になっていました。

「何が宇野正美だ！　何が鎌倉の老人だ！　何がユダヤだ！　ロックフェラーだ！　世の中は、そんなふうには動いていないんだ！　世の中の奴らは何もわかっていない。俺は真実を知っているのだ」

ちなみにそのときのテストの順位が、三十四人中三十四番だったのは内緒です。

そして、十七歳の冬は政治の本ばかり読み漁っていました。思い出すままにあげていくと、三木睦子『信なくば立たず』、伊藤昌哉《いとうまさや》『自民党戦国史』、中野士朗《なかのしろう》『田中政権八八六日』、仲衞《なかまもる》『金丸信　寝技師の研究』、神一行《じんいっこう》『金丸信という男の政治力』、小林吉弥《こばやしきちや》『実録・橋本龍太郎』……とても高校生の読むような本とは思えませんが、「本当のことが知りたい！」という情熱だけで宮脇書店と丸亀市立図書館を行き来したものです。

当然、三学期の期末試験がマトモであるはずがなく、またもや三十四人中三十四番でした。ちなみに、なぜこんなに分母が小さいかというと、私の母校はクラスごとに成績を出していたからです。

そうした生活の中で出会ったのが、大下英治『小説早稲田大学』と『自民党の若き獅子たち』です。大下という作家によれば、当時の総理大臣海部俊樹は「弁論部」というところで修業し、二十九歳の若さで衆議院議員に当選したというではないか。

私は、決意しました。

「東京に行こう。そして弁論部に入ろう。東京に行って弁論部に入れば、世界が違って見えてくるかもしれない。早稲田は無理でも中大くらいならなんとかなるかもしれない。海部俊樹は中央大学の辞達学会から編入して早稲田大学雄弁会に入った。辞達学会に入れば、総理大臣の後輩になれるではないか！」

人生の目標が見えた私は途端に勉強に火が付いた、わけではありませんが、偏差値は突如として上がりました。高二の最後の模試では四十八だったのが、高三の一学期は、六十一、六十九と一流校を狙える数字をはじき出しました。

「若者には無限の可能性がある」

キャプテンハーロックと吉野作造が同じことを言っていますが、自分の限界を勝手に決めつけてはいけないと、つくづく思いました。高二の進路指導では「お前は偏差値五十より上の学校を志望校に書くな」と厳命されていたのですから。ちなみに、そのときは「上智大学神学部」だけを志望校に書いたのを、今でも覚えています。

晴れて、中央大学に入り、入学初日に念願の辞達学会の門を叩きました。その念願が正しかったかどうかは知りませんが、とにかく念願がかなったのです。

入学というより入部して驚いたのは、同級生がみんな『小説吉田学校』を読んできているのです。戸川猪佐武はもちろん、仲衞、神一行、小林吉弥、大下英治……。私が読破してきた書き手の本は、みんながみんな読んでいることが前提なのです。

「なんて恐ろしい世界だ……」

しかも、他の大学の弁論部も似たようなものでした。

宇野正美など軽く乗り越え、高校時代はテレビでハマコーに一喜一憂し、そして自民党の領《りょう》袖《しゅう》たちの派閥抗争を描いた戸川猪佐武や伊藤昌哉に血沸き肉躍らせる。そんな少年時代を過ごした大学生の集まりが弁論部だったのです。

以上、どこからツッコミをいれたらよいのかわからないような、私の黒歴史です。

しかし、書店に並んでは消える数多《あまた》の本や、ネットで無尽蔵に垂れ流される言説の大半が、このレベルだから困るのです。しかも、プロを名乗る人間の本や言説が。これでは何が本当のことか、誰を信じればいいのか、わからなくなるのは必定でしょう。

かつての私のように。

一つだけ、世の中のことを知りたいと思う、昔の私と同じような日本の若者に言います。

日本の運命を、日本が決められると思うな!

悔しいことに、今の日本は独立国家ではないのです。外国に戦争で負け、いまだに占領されているる属国なのです。いや、属国ならマシです。一応は国ですから。今は単にカツアゲされている情けないだけの存在です。

別に裏情報なんか一つも知らなくてもわかる、絶対に確実な事実だけを並べましょう。

・日本は戦争でアメリカに負けた。昭和二十年八月十五日以来、在日米軍が日本に居座っている。
・日本はアメリカの持ち物どころか、中国や韓国にまで小突き回されて、事あるごとにお金を出して許してもらってきた。
・トランプが「ウチはもう金がない。日本が自分で自分を守る気なら、核武装だって構わない」と発言した。

さあ、日本人としてどうする？　というのが本書の主題なのです。

十三歳から倉山満くんが何を間違い続けてきたのか。ありとあらゆることを間違っているのですが、最大の間違いは「どうなっているのだ?」にしか関心がなかったことです。そうではなく、「日本をどうするのだ?」という視点を持ってほしいのです。もちろん、「どうなっているのだ?」という視点なくして、「どうするのだ?」は出てきません。しかし、「どうなっているのだ?」で止まることなく、また「どうなるのだろう?」と傍観者でいるのではなく、自分が「日本をどうするのか!?」を考えながら、以下をお読みください。

トランプはなぜ台頭したのか

二〇一六年の大統領選ではドナルド・トランプ候補が彗星のように登場し、大方の予想を裏切って、本書執筆時点において共和党候補指名を獲得しました。ほぼすべてのメディアで泡沫候補扱いされながら、なぜここまで躍進できたのでしょうか。

直接の背景としては、共和党内で本命と見られていたジェブ・ブッシュが不人気で、早々に撤退したことがあります。民主党候補としては、オバマが再選したときからヒラリー・クリントンが大本命で、これに対抗できるのはブッシュぐらいしかいないのではと言われていました。とはいうものの、泥沼だったイラク戦争の負のイメージがありすぎたため、ブッシュという名前では受かれないだろうとも予測されていました。別な共和党の派閥のティーパーティーでは政策も支持層も狭すぎるので、ヒラリーの対抗馬になる人材がいないと思っていたら、彗星のようにトランプ登場という状況です。さすが、「やるときはやる」のがアメリカでしょうか。

しかし、トランプが今、アメリカ国民の人気と支持を集めていることには、もっと深い理由があります。江崎道朗先生が仰っているように、ハーバート・フーバー以降、アメリカの保守派が国内で負け続けてきました。その結果、フランクリン・ローズベルトから現在に至るまで、アメリカは覇権国家として失敗し続けているのです。

アメリカは第二次世界大戦後に覇権国家として、さらにソ連崩壊後は、一強と言われる中で、世界支配と秩序の維持を行う立場なのに、振り返ってみると、絶頂期の大英帝国並みに国際秩序を引き締めることができた大統領はアイゼンハワー一人ぐらいなものです。アメリカが賢かったら世界はこんなに混乱していません。

レーガンは確かに内政を犠牲にしてまでソ連を崩壊させ、冷戦に勝利しましたが、そのようなことをやらなくてはいけなかった時点で、覇権国家としては無能だった証拠です。

さらに、とどめを刺したのは湾岸戦争です。その後、ビル・クリントンがハチャメチャをやって、ブッシュ二世はその後処理が九・一一テロ、アフガン、イラクと続きます。しかも、イラク戦争というのは初代ブッシュのトラウマがあり、開戦した瞬間に目的を限定できなくなるから、泥沼化するのは目に見えていたわけです。

それに加えて、前章で述べたように、ＰＣ（政治的に正しい言動の強制）の行き過ぎで文化が失われ、アメリカ社会は自らのアイデンティティに自信を失いつつあります。経済的にも中間層が消えて格差が拡大しています。これでは、社会を主導するエスタブリッシュメントに対する不信感が募るのは当然のことでしょう。そこへ、「エスタブリッシュメントに騙されるな」「アメリカの国益第一」「再びアメリカを偉大な国にする」という主張を掲げたトランプが現れたのです。

しかも、トランプの政策作りには、共和党の保守本流からもブレーンがついています。アメリカの保守派にとって、ロナルド・レーガン以来久々の本格候補であり、本気で巻き返しを図っているということなのです。日本では、いちいち名前は挙げませんが、それなりにアメリカ通を自認している論客までがマルコ・ルビオが本命と言っていました。しかし、江崎道朗先生によれば、二年前ならばともかく、現在のルビオは大統領選出馬のためにウォール街に魂を売って中国と妥協したとみなされており、決して支持を集めてはいませんでした。ヒラリーと同じ穴のムジナなので、いわゆる、支配階級であるエスタブリッシュメントと政治家の癒着に腹を立てているアメリカ国民にそっぽを向かれ、案の定、早々に指名候補争いから脱落しました。ウォール街にも中国にも怯《ひる》まずに立ち向かって伝統的なアメリカの価値観と国益を主張できる政治家がどれほど求められていたのか、我が国の論客の皆さんはそこを見抜くことができなかったということです。

私は今回のアメリカ大統領選挙の候補者があらかた出揃ったときから、日本にとっては、トランプか、その他の候補の違いしかないと言ってきました。なぜかというと、トランプだけが日本を国名として認識させたからです。アメリカに限らず、世界中のどこでも、国際政治学の教科書に日本という国名は載っていません。あくまで日本は地名でしかありません。この意味、おわかりでしょうか。普通の国にとって日本など、「相手にする価値のない国。必要があればアメリカと話をつければ終了の国」なのです。だから、日本は地名にすぎないのです。

けれど、トランプはアメリカの国益という立場から、日本の自衛努力を促す発言を繰り返している、つまり、日本を国名として扱っているという点が大きく異なるのです。

民主党の最有力候補のヒラリー・クリントンになったら、それこそ、旦那のビル・クリントンの九〇年代の再来です。ウォール街にはユダヤ人が入り込んでいるように、チャイニーズも相当入り込んでいるので、チャイナロビーとズブズブの彼女では、日本は軽くパッシングで親中政策をやりたい放題でしょう。サンダースでも結局は民主党の枠内で、日本にとっては同じです。

よく「アメリカがクシャミをすれば、日本は肺炎になる」と言われます。これには結構色々小ネタもあって、「アメリカがクシャミをすれば、日本は風邪を引く」「アメリカが風邪を引けば、日本は肺炎になる」「アメリカが肺炎になれば、日本は死ぬ」と続きます。結局、日本は安全保障を日米同盟に依存していて、アメリカに乗っかっているだけだからという話です。

その中で、要は、トランプ以外の人では日本は無視されて終わりです。トランプになったときは、日本の自主防衛のチャンスがあるかもしれません。今の日本が自主防衛を目指すのは茨の道です。

トランプは「日本もGDP二%までは防衛費を負担しろ」と要求しています。金額に直すと五兆円増やせということです。日本の国内事情を少しでも知っている人なら、途方もない夢物語だと片づけるでしょう。どこに財源があるのか、で片づけられるでしょう。

しかし、そういう人は世界の常識を知っているのか。GDP二%など冷戦期だとNATO加盟国の平時標準です。よく「戦後日本は軍事にお金をかけずに経済に専念したから、高度経済成長ができた」と大嘘を言う人がいますが、西ドイツもシンガポールも二%で経済成長しています。

要するに、トランプは「今までウチの国策で日本が強くならないようにしてきたけど、これからは対等の友達として一緒に戦おうよ。だから、君も努力して」と呼びかけてきたのです。

ところが我が国の指導者たちは、「五兆円の防衛費増額？ ムリムリ！ そこまで言うなら、ちょっとくらい増やすのはいいけどね」という態度です。しかも彼らは自分が現実主義者のつもりで、トランプを非常識なアホ扱いしています。

私がトランプなら、日本人を軽蔑します。心の底から。

確かに、GDP二％の一〇兆円まで防衛費を増やすなど、茨の道です。しかし、この茨の道を選ばない理由があるでしょうか。

共和党と民主党

トランプが出てきた背景を理解するために、ここでもう少し詳しく二大潮流の共和党と民主党を見ていきましょう。単純に言うと、共和党は外政が真人間で、内政が狂人です。民主党は外政が狂人で、内政が比較的まともという傾向があります。

共和党の内政は、民主党の外交ぐらいひどいものです。だいたい、アメリカの福祉切り捨ては洒落にならないレベルです。医療ドラマの『ER救急救命室』だったと思いますが、保険に入っていなかったら、救急車が平気で患者を捨てていきます。不法入国の外国人でも面倒を見てあげる日本人が見たら仰天するような話です。なお、日本の医療ドラマの『医龍2』でも、失脚した病院経営者がアメリカで事故に遭い、救急車がきますが、「保険がないやつには、サービスもないぜ」、「これがアメリカのやり方だよな（This is the American way）」という会話がありました。

オバマが「オバマケア」という国民皆保険制度を導入したのも、日本人からすれば、「まだやっていなかったの？」という感想でしょう。ところが、共和党の候補の中には「オバマケア」の破棄や見直しを政策に掲げている人もいます。共和党の内政音痴、というか文明人の常識とかけ離れたセンスにはあきれるしかありません。

一方、民主党の外交は、共和党の内政に輪をかけて気が触れています。

レーニンを庇いまくり、今の世界の不幸の九割をもたらしたウッドロー・ウィルソン、お呼びでないのに日本にケンカを売って世界の半分をコミュニストにくれてやったフランクリン・ローズベルト、朝鮮戦争で負けに等しい引き分けを喫したトルーマン、泥沼のベトナム戦争に突っ込んでいったケネディとジョンソン、いきなり韓国を見捨てて世界秩序を混乱させたカーター、チャイナ利権にずぶずぶのクリントンと、歴代民主党大統領の失策から重要なものだけに限ってもこれだけあります。

四年か八年に一度、これら二大政党が入れ替わります。入れ替わるのは政党だけではありません。アメリカでは、日本で言えば各省庁の局長や次長クラスまでがガラリと交代します（なぜそうなったかは、第四章のアンドリュー・ジャクソンの節をお読みください）。そのため、アメリカには国防総省と国務省、また、情報機関などのごく一部を除き、官僚機構というものが存在しません。

その代わり、どちらの党も一人の国会議員が日本の役所の一つの局ぐらいスタッフを持っていて、七十人ぐらいの秘書がいます。これら大量のスタッフが大統領の替わる度に総入れ替えとなってしまうので国政がぶれまくりです。同一政党という連続性さえ、建国当初の〝バージニア王朝時代〟の民主共和党の二十八年が最長で、民主党はローズベルトからトルーマンまでの二十年、共和党ではグラントからアーサーまでとマッキンリーからタフトまでの十六年となっています。だから、日本の自民党のような安定しすぎたものではありません。日本の自民党に関しては、ベトナム共産党が「日本のような上手な独裁を見習いたい」と言ったそうですが（笑）。

よく共和党がタカ派で民主党がリベラルと言われますが、共和党、民主党のそれぞれの中に右派、中間派、左派があって、一つの法案ごとに共和党・民主党の人間関係がガラガラッと入れ替わったり、極端なケースになると、いきなり極右と極左が組むことも平気で起こります。

ちなみに、民主党の極左が共和党に寝返って、極右になったのがネオコンです。民主党で一番左だった人たちがブッシュ二世政権に乗り込んでいって、ホワイトハウスを牛耳っていました。

アメリカの場合は、日本以上に拒否権集団が強い社会制度で、「タフト法」とか、「ナントカ法」のように、ボス議員が自分の通した法律に名前をつけるのがステータスになるので、下手に大統領選挙に出るよりも議会屋でいた方が権力を握れます。ですから、五十年間外交委員長を務めている大ボス、などという人たちがゴロゴロしていて、その合従連衡で政治が動いていきます。

では大統領は何をやっているのかというと、アメリカ大統領自体は国家元首ということで、日頃の仕事の過半数が儀式です。そもそも戦争しか仕事がない立場なのです。

アメリカ大統領は世界最強の権力者に見えても、議会の拒否権が強いですから、内政では全然権力がありません。始終議会と大統領がねじれて、ホワイトハウスに人っ子一人いなくなるから、モニカ・ルインスキー事件のようなことも起きてしまいます。どんな事件かは子供の教育に悪いので、ここでは書きませんけど、日本の首相官邸で総理大臣とインターンの実習生の二人しかいなくなるとか、ありえないでしょう。

行政麻痺は、アメリカでは頻繁に起きます。

実際、オバマ大統領・与党民主党と野党共和党の対立が膠着《こうちゃく》して二〇一四年会計年度の暫定予算案が成立せず、政府機関の一部閉鎖が続いたために、その影響は世界規模になると危惧されていたこともありました。

残念ながら、セオドア・ローズベルト以降、世界の歴史に影響を与えるような国になってしまいましたから、アメリカ大統領の内政での権力のなさが外政にも影響してしまうのです。

本来、こんなに国内がばらばらで政治制度に大きな欠陥を抱えた状態の国は、国際政治の場に出てはいけないわけです。ひたすら意味不明な貸し借りだけで敵味方が入れ替わるという無茶をやってしまう政治なので、こんな体たらくなのです。

アメリカ人にとっても、世界にとっても、アメリカは引きこもりのままがお互いに一番平和ということでしょう。

覇権国家アメリカの国益

とはいえ、すでにアメリカは超大国ですから仕方がありません。地政学の観点から、アメリカの国益とは何かを考えてみましょう。

一つずつ冷静に見ていくと、まず、アメリカにとって本来、一番大事なのは、メキシコ湾の石油を守ることです。報道のイメージで、中東が生命線と勘違いしている人もいますが、山縣《やまがた》有朋《ありとも》の言葉で言うと、あれは利益線にあたります。あるとおいしいけれど、なければ死ぬものではないのです。

主権線が国境であって、生命線はメキシコ湾です。メキシコ湾の石油さえ守っておけば、アメリカは自活できるのですから。

その上、冗談抜きで、カナダとメキシコの両方が組んでアメリカに戦争を挑めるようになるのに何年かかりますか、というぐらい、アメリカは本来安泰で滅びようがない国です。ロシアの脅威はあるにしても、ロシアは基本、ヨーロッパ志向なので、アラスカに攻め込むとはちょっと考えにくいです。

また、中国がタヒチなどの太平洋の軍事政権を巻き込んで悪さをしようとしたところで、最大限大法螺《おおぼら》を吹いても、「太平洋を分割しよう」というような妄想を言うのが精一杯です。ハワイに攻めこむ根性などないわけです。

かつての大日本帝国は帝国海軍が強かったので、ハワイを起点に太平洋の半分を勢力圏にしていました。本来、ハワイを持っているのであれば、四分の三がアメリカのものになっていてもおかしくありません。現に、第一次世界大戦のときに、南太平洋の島々が全部日本の勢力圏内に入り、それがまさにアメリカの脅威になりました。それと比べると、中国は人民解放軍が絶頂期の大日本帝国まで追いつくのに何年かかるかという程度の国です。

キューバも含めて中南米も、アメリカが本気になったら鎧袖《がいしゅう》一触です。オバマが国交を回復してしまいましたが、実は、キューバがいるから南北アメリカ大陸の国はみんな結束できるのです。南米にしたって、ペルーのフジモリ政権をオルブライトが転覆するなどのCIAの悪さに対して、どの国が何年かかったらアメリカに逆襲できるのかという話です。

やはりアメリカというのは田舎のガキ大将で、南北アメリカ大陸は俺のもの、自分の勢力圏だというモンロー主義を信奉しています。そもそもアメリカ人は自分で流したデマを自分で信じる性癖があります。セオドア・ローズベルトですら、「モンロー主義でアメリカ大陸をヨーロッパから守って解放した」と本気で信じて、桂太郎に説教していたほどです。

ちなみに、桂はそんな戯言は真に受けませんでした。ところが、昭和になると政治家の劣化が甚だしく、大陸浪人の広田弘毅《ひろたこうき》や天羽英二《あもうえいじ》は本気で信じて、「アジアモンロー主義」とか言い出しています。

それはさておき、アメリカ人はめちゃくちゃ打たれ弱いので、打たれない位置にいることが大事な人たちです。イスラエルなどから見たら単なる嫌がらせ以外のなんでもない九・一一テロに対しても、アメリカ人は発狂せんばかりの動揺っぷりです。

その後、アフガンやイラクにありったけのミサイルをぶち込んで占領してみたはいいけれど、頻発するテロに音をあげています。オバマは結局、シリアへは介入しませんでした。

中東とアフガンは引き上げたくとも、引き上げるとまた揉めますし、泥沼です。イラク戦争が終わらないうちに中東全体に動乱が広がり、しかも、イギリスとフランスがカダフィをぶっ潰してしまいました。アメリカとしては、どうしてくれるんだというところでしたが、そこで、なんとオバマが素晴らしい対外政策を取りました。ゴルフにしか興味を持たないという政策です（笑）。オバマとしたら、ヨーロッパの起こした中東紛争に巻き込まれないための栄光ある孤立で、ある種正しいと思います。シリアで戦争なんかヘタレのオバマにやられたらたまったものではありませんし、アメリカ人の感情はどうあれ、戦争をやってもブッシュ以上の泥沼になるのが目に見えていますから、よりマシな選択とは言えるのです。

ロシアのウクライナやその前のグルジアへの侵攻にしても、アイゼンハワーのときですら東欧はソ連の勢力圏と認めていたくらいです。一応、NATOというアメリカが介入する枠組みはあるものの、何もしていません。グルジアでCIAあたりが何をやろうと、はっきり言って、アメリカは「ヨーロッパに引きずり込まれているだけだ」という感覚です。冷戦期の緊張感は全くありません。カネがないという当然の理由で、クリントンどころか初代ブッシュのころから、もう軍縮を始めていますし、ロシアを嫌う東欧諸国がNATOやEUに流れこんできていることはアメリカにとって手に余るわけです。

また、バルカンに対しても九〇年代に懲りまくっているので、「もうご勘弁。ヨーロッパさん勝手にやってください」という態度です。

アメリカというのは破壊力（Destructive power）では世界最強なのに対して、占有力（Occupational power）ではどうしようもないほど弱いのです。だから、ハイチ動乱やグレナダ侵攻、パナマ侵攻の時のノリエガを捕まえたような、はっきり言って、戦争とは言えないマフィア退治レベルの話を除けば、対日・対独戦争以後、まともに勝てた戦争はありません。ベトナム戦争でも、みっともない負け方をしています。

戦争の勝利というのは戦闘の勝利を講和に結びつけることであり、戦闘で勝利するためには最後には占有力がないといけないので、陸軍でも海兵隊でも空挺隊でも、要は、地上兵力が必要です。

ところが、湾岸戦争でもアフガン紛争でもイラク戦争でも、相手を負かすまでは強いのに中途半端に引き上げてグダグダになるという、全て同じパターンです。イラク戦争のときは、実は最初には最精鋭の四個師団を送っていました。よりによって、そんな部隊が行かないと戦ができないのかと思いますが、結局そのあと、地上軍は現地人にやらせればいいということで、陸軍をどんどん減らしていって、同じことの繰り返しになっています。バルカン紛争にいたっては一回も地上軍を送っていません（詳しくは、ＫＫベストセラーズの『世界大戦と危険な半島』をお読み下さい）。

これをみると分かるように、本来、モンロー主義を自認する引きこもり体質のアメリカの本音はユーラシア大陸から手を引きたいということです。

全体的な構図で言えば、ウクライナや中東といった〝辺境〟には頭痛の種があるものの、結局アメリカは自分に敵対しそうな勢力は全部放逐しています。ところが、ある一箇所だけ違う戦略を取っている地域があります。それが東アジアです。中国・ロシアというアメリカと張り合う二つの国が密集していて、北朝鮮という狂った国が核を持っています。片や、足手まといの日本と韓国がいて、健気な台湾をどうやって守ろう、ベトナム・フィリピンをどうしようという状況です。日米戦争をやってしまったので、大東亜共栄圏よりさらに広い地域を一人で肩代わりしなくてはならなくなっています。アメリカは一人で、ペルシャ湾からハワイまで全部守っているわけです。

そこで重要になってくるのが、アチソンラインのど真ん中に位置する沖縄です。アチソンラインというのは、アラスカの手前のアリューシャン列島から始まって、日本列島～台湾～フィリピン～オーストラリアまでの線のことです。インドネシアのことは言及せずに飛ばされていますが、本当は線に含まれます。朝鮮戦争のとき、アメリカがこの線で守ると言ったために、金日成はアチソンラインに含まれない韓国に攻め込みました。この線上に韓国を入れなかったのは単にアチソンが愚かだったからですが、それはさておき、この縦の線のど真ん中を、地図ではなく、地球儀で見ると沖縄なのです。ハワイからペルシャ湾までのルートは沖縄を辿って十字路になっています。だから、この十字路のど真ん中の沖縄というのはアメリカの世界戦略の中心であり、沖縄に米軍がいるからこそ、アメリカは世界の覇権国家でいられるのです。

あまり知られていませんが、アメリカは本土よりも優秀で規律正しく、軍紀の正しい人たちを沖縄に送っています。もちろん、本土との比較の話なので、米軍の管理地域で女の子が車の中に乗り込んだら、何をされるか分からないという点は厳然としてありますが。

つまりそれだけ、沖縄はアメリカが世界の覇権を維持するのに必要な場所なのです。コチラの文明国基準ではともかく、アチラの基準では大まじめにやっているのです。その証拠に、先日も不祥事が発生した際、基地の人たちがビラ配りをやって理解を求めていました。

この章の冒頭で「アメリカは覇権国家として無能」と指摘したものの、覇権国家でいるための世界戦略の要は理解しているのです。

もともと世界覇権とは大英帝国とロシア帝国の時代から、海洋国家と大陸国家の海洋権益の獲得を巡る争いです。今は、アメリカのヘゲモニーに対して、チャレンジャーの位置がソ連から中国に代わっただけです。アメリカがこの地域から完全に手を引いて、覇権国家をあきらめるということはないでしょう。その証拠に、冷戦もどうにかこうにか最後までやり抜きましたし、世界の警察を辞めると言っているオバマでさえ、軍事戦略として「アジア回帰」(「ピボット」や「リバランス」)を展開しています。

では、ここで歴史のおさらいです。

日本では一九八九年のマルタ会談で冷戦が終わったとなっていますが、実際は、一九八九年から九一年までが本番で、アメリカ以下、イギリス、フランス、西ドイツの西側陣営がソ連に総力戦を挑みました。総力戦を自らの総力を出しきることと勘違いしているとソ連崩壊は理解できません。もう東ドイツ以外、東欧諸国を全部潰したから、あとは本体だけだと、レーガン、サッチャー、ミッテラン、コールと正気のリーダーが結束して、敵の総力を潰した総力戦です。ソ連というのは大国なのに、軍事力を使わないで滅ぼされた最初の国と言っていいでしょう。このようにアメリカ一国ではないものの、西側陣営の団結によって、冷戦はやり遂げました。

ついでに言うと、冷戦で日本と韓国は敗戦国です。第一次世界大戦でロシアが敗戦国であるように、勝ち組にいながら負けています。プロパガンダとして「勝った、勝った」と言うべき意義は理解できるものの、歴史的事実としては、日本と韓国は明らかな敗戦国です。敗戦国であることが決定的になったのは一九九一年、ソ連崩壊後の湾岸危機、湾岸戦争を同時並行でやっている時期です。

そして敗戦国という自覚のなさが一九九四年の北朝鮮危機という東アジア最大の危機に繋がっています。このときに金泳三《キムヨンサム》と細川護熙が「基地を貸さない」という愚かな決断をし、クリントンの北朝鮮への空爆を止めました。その結果、北の核武装を完全に容認する形になってしまいました。そして、今に至ります。

この知識を踏まえて、次はアメリカの対日政策を見ていきましょう。

ウィーク・ジャパン・ポリシー派とストロング・ジャパン・ポリシー派

対日政策で言うと、ウィーク・ジャパン・ポリシー派（日本を弱体化させたままにする政策を推進する派）とストロング・ジャパン・ポリシー派（米国の世界戦略に忠実に貢献する「猟犬」としての日本を望む派）があります。その違いは、煎じ詰めればアメリカの対中政策の差です。東アジアや太平洋のことは軍事バランスを取りつつ中国と話をつけて行こうという親中派がウィーク・ジャパン・ポリシー派、中国の台頭を本気で抑えようとするのがストロング・ジャパン・ポリシー派です。

民主党は基本的にウィーク・ジャパン・ポリシーで一貫しています。と言うより、親中・日本無視政策のルック・チャイナとジャパン・パッシングです。つまり、民主党の中には「ジャパン」という単語自体が党内の議論で俎上に載るかどうかを疑った方がいい扱いです。

この民主党の親中・日本無視政策の利益受益者となった最大の人が竹下登です。クリントン自身が親中で日本など見ていないから、竹下の親中政策は何の問題にもならなかったわけです。さすがに、一九九八年に危ないと気づいたようで、梶山静六《かじやませいろく》を担ぎ出したりしましたが、竹下自身は生きている間は逃げ切りました（この辺の話はＰＨＰ研究所の『自民党の正体』に詳しく書いてありますので、そちらをご覧下さい）。

ちなみに、ある人の説によると、竹下はヘリコプターで裸で吊るされて、アラスカに捨てられたらしいです（笑）。何を根拠にそんなことを言うのか分かりませんが、証拠を出せ！　で終了です。

話を戻します。共和党の中にはウィーク・ジャパン・ポリシー派とストロング・ジャパン・ポリシー派の両方がいます。共和党のウィーク・ジャパン・ポリシー派というのは、基本的に日本に興味がない人たちです。日本の優先順位が低いことは、アメリカ歴代大統領でドイツより日本を重視したのがブッシュ二世ぐらいしかいないことからも窺えます。ブッシュ二世政権のとき、ドイツのシュレーダーはブッシュの家に入れてもらえませんでしたが、小泉純一郎首相はイギリスのブレア、オーストラリアのハワードとともに、ブッシュ家の自宅に招待された一人です。これは例外中の例外です。

では、共和党のストロング・ジャパン・ポリシー派はどうか。相対的に日本への関心が高いとは言えます。しかし、では親日なのかというと、そう単純な話ではありません。たとえば、よく知られたマイケル・グリーンやリチャード・アーミテージといった人たちですが、マイケル・グリーンはアメリカの中では非主流派、二流か三流のロビイストです。日本ぐらいしか飯の種がないから日本にいるだけで、日本でだめになったらコリアに行こうかなという程度の人物です。

アーミテージは国務省の高官ですからグリーンよりはもう少し影響力があります。とはいえ、「我々は君たちにイエスかノーかを聞いているんじゃない。我々が決めたことをどういうふうにやれば合理的かを考えてもらいたいだけだ」と横柄な態度で書類をポーンと投げてよこす人のようです。この人たちは、単にGHQがワシントンに移っただけです。また、保守でもありません。

こんな人たちではなく、本物のアメリカの保守と連携しようと言っているのが本書で何度も登場していただいている江崎道朗先生です。本物のアメリカの保守は、ハーバート・フーバー以来ずっと逼塞しています。

その中にアン・コールターという人がいます。表現は結構過激ですが、まともなことを言っています。というより、当たり前のことを過激な言葉で主張しなければならないほど、アメリカの保守は肩身が狭い思いをしているということです。彼女はメディアでも叩かれていますし、講演会を行うと、それこそ、卵とトマトが飛んでくる勢いのブーイングを受けたりもしますが、それでもひるみません。

日本でこんな風に戦っている保守言論人と言えば、脅迫状が来た私や殺人予告された千葉麗子さん、サイン会に爆破予告がきたはすみとしこさんくらいでしょうか。このアン・コールターがトランプ支持を連呼していることからも、今のアメリカの保守派のトランプに対する肩入れぶりがうかがえます。それに対し、日本の保守派で呼応しようという声がほとんどないのが嘆かわしいですが。

当たり前のことですが、アメリカも一枚岩ではありません。チャイナからお金をたくさんもらっている親中派もいれば、アメリカの国益のために日本を大事にしようという人もいるわけです。ウィーク・ジャパン・ポリシー派とストロング・ジャパン・ポリシー派を別の言葉で言い換えると、ウィーク・ジャパン・ポリシー派のやっているのは勢力均衡戦略です。アジア太平洋はアメリカと中国のバランスを取っていって、現状維持を守ろうということです。中国とちゃんと利害関係の調整の話をして、戦にならないように、六カ国協議などの枠組みで南シナ海の問題を処理しようというグループです。だから、日本のことなど中国への譲歩材料に過ぎません。

このウィーク・ジャパン・ポリシーの勢力均衡戦略に対して、ストロング・ジャパン・ポリシー派のやっていることは制海権戦略と呼ばれます。東アジアと西太平洋の制海権を重視すれば、必然的にストロング・ジャパン・ポリシーになって、それに挑戦しようとするソ連や中国には「ふざけるな」、日本には「お前も一緒になって闘え」と軍役を求めてくるわけです。

第一章で、平成以降、まじめにアメリカの属国をやったのは小泉純一郎だけだ、という話をしました。ストロング・ジャパン・ポリシー派の大統領が日本に軍役を求めて来たとき、日本がまじめに属国をやらずにいるとどうなるでしょうか。日本は頼りにならないと見限り、中国と話をしようとする、つまり、本来はストロング・ジャパン・ポリシー派の大統領が親中のウィーク・ジャパン・ポリシーにシフトする、ということが起きるのです。その代表例が、佐藤栄作政権のときのニクソン大統領と、中曽根政権のときのレーガン大統領です。

佐藤栄作はアメリカと核武装交渉を裏でやっていたので、タカ派と思われていますが、核武装を言うだけ言って、通常戦力を減らしておきながら、結局、非核三原則でやらなくなったので、日本の防衛力を破壊しただけに終わりました。当時の防衛費を見れば、がた減りしているのが一目瞭然です。その結果ニクソンは、日本が全然ついてこなかったのでウィーク・ジャパン・ポリシーに転じ、日本の頭越しに訪中を発表しました。

中曽根康弘も精一杯タカ派のふりをしながら、日本を軍事強国にしないようにしていた確信犯です。ソ連・中国のスパイとしてやったのか、政権延命のためにそれが一番都合が良いと思ってやったのか、現時点で言えるのは、どちらの説もありうるということです。ちなみに、地政学者の奥山真司《まさし》先生によれば、アメリカの学者は中曽根政権を反米親ソとみなしているそうです。予算は国家の意思ですから、防衛に予算をつけないということは、やる気がないということを意味します。中曽根が防衛費増額を行わなかったのを見て、レーガンは日本に対する強烈なジャパン・バッシングで報いました。

金だけ払って血を流さないことを、今は「吉田ドクトリン」と呼びます。冷戦まではギリギリ何とかそれで間に合いましたが、海部内閣が湾岸戦争でも同じ態度だったとき、アメリカの親日派を絶望させました。

アメリカの世界戦略のポイントは太平洋、及び、アチソンラインの海洋権益であり、そこは守りたい、でも、費用は同盟国にもっと負担をさせたいということです。そして、アメリカ太平洋軍や在日米軍は一緒に戦う同志を求めていて、ワシントンＤＣの国務省は費用負担増を要求しています。トランプは「戦うか、金を出すか」という主張です。この違いも認識した上で、日本の取るべき選択を考えなくてはいけないでしょう。

現在の選択肢は二つです。トランプ以外の候補が大統領になれば、勢力均衡戦略となります。つまり、ウィーク・ジャパン・ポリシーにすらならないジャパン・パッシング、正確に言えば、ルック・チャイナです。チャイナマネーが入り込んでいるウォール街とズブズブのまま、アメリカの韓国や日本における利権さえ認めれば、あとは中国が何をやってもいいということになるでしょう。韓国は既に中朝代理戦争の舞台で北朝鮮と中国の草刈り場です。日本より悲惨で、自国の意思が出せる場すらありません。

我が日本国の現状は、在日米軍がいること以外は、全部チャイナに取られていることを認識しましょう。

よく「北方領土を取り返せ」とか「竹島を取り返せ」とか「尖閣守れ」と言うのに、なぜか本丸の二つの地名は出てきません。永田町と霞が関です。日本はアメリカの持ち物のはずなのに、中国が相当深く手を入れてきているのです。

もう一つが、トランプとともに戦うかです。

中国のやりたい放題を野放しにしてしまうか、自分の国は自分で守る気概を取り戻すか、選択肢は限られています。中華様の属国でイイという人はそもそもこの本を読んでいないでしょうから、そういう人を無視して話を進めます。日本の防衛力とは、米軍です。そして日本がどれほど米軍に協力できるかです。だから現時点では、米国との付き合い方が大事なのです。

これまではアメリカの対外政策におけるスタンスを見てきました。等身大のアメリカを理解するために、次はアメリカ社会の二分性やアメリカ人の行動原理に焦点をあててみましょう。

拝金主義と訴訟社会

アメリカ人の価値観の中で、大きな位置を占めているのが経済力、「お金」です。これは、アメリカが建国のときに、王制やそれまでの伝統的価値観を否定したことにも起因しますし、その後、西部を開拓していったフロンティアの時代も影響しています。

中屋健一『〔明解〕アメリカ史』三省堂、一九八七年）九五頁に面白いことが書いてあります。「フロンティアに行った人々は最前線の開拓者である。そこではそれまでの社会通念は通用しなくなる。今まで自分は、ヨーロッパでは伯爵であったとか、父親が将軍であったとか、あるいはイギリスの貴族であったとかいう家柄や血統は、フロンティア社会ではまったく意味がないのであった。フロンティア社会では実力のある者だけが成功する。誰でも上手に畑をつくり、木を伐り、収穫を多く得た者が勝ちになる」とのことです。

現在トランプがエスタブリッシュメントのひも付き候補者を引き離し、高い支持を集めているのも、自分の才覚で成功して金持ちになったと認識されているからです。

また、アメリカは多人種で社会を構成しているので、お互いが意思疎通を図るための基本として、「分かりやすさ」に価値を置いています。これが、よく言われる英語の表現の単純さに繋がるだけでなく、共和党か民主党か、白か黒か、勝つか負けるか、正か悪かなどの二元論で物事を見る傾向に繋がって、なかなか相対評価ができない理由でもあります。そして、この対立思考が笑えない訴訟社会を生みだしています。

アメリカの法律は、常識がないというか、わざわざルールとして文章に書かれなくても常識で分かりませんか?という部分が多く、アメリカの判例にはどこぞの国を笑えないほどおかしなものがたくさんあります(もちろん、経験者として語ると、日本もいい加減な判例というのはありますが。苦笑)。

拝金主義と訴訟社会が示しているのが、日本の少年法なんかと違い、刑罰とは教育であるという思想がないことです。結局アメリカの刑務所に入っている犯罪者というのは、裁判でいい弁護士を雇う金がなかった運の悪い者という意味なのです。アメリカでは金持ちから貧乏人まで、裁判官は正しい判決を下すという概念はありません。

アメリカ人の考え方がよく表れている映画を紹介します。『評決のとき』という映画です。自分の娘を強姦された黒人の父親が復讐で犯人を殺した事件が陪審員裁判になるという映画で、象徴的な光景が二つありました。

一つは、一審制の陪審員裁判なので、「死刑か無罪か」でスリルとサスペンスがあります。日本では死刑か有期刑かぐらいの差にしかならないところを「死刑か無罪か」ですから、幅がありすぎるわけです。こういうところが対立思考が社会の基準になっていることを表していると言えるでしょう。

藤原宰太郎《ふじわらさいたろう》という素晴らしい推理小説評論家の方が、日本には陪審制がないからアメリカの「ペリー・メイスン」シリーズのようなスリルとサスペンスがある裁判小説が書けないと仰っています。しかし、そんなものは要らないでしょう。

もう一つの象徴的な光景は、その黒人の被告人が、自分の弁護士に黒人ではなく、白人を選ぶところです。黒人の弁護士というのは運動家で、白人の弁護士というのはむしろ人種差別的な考えに近いのに、被告人は白人の弁護士を選びます。理由は黒人の弁護士では、被告人は殉教者にされてしまうから助からないという判断です。白人の弁護士は冷酷非情な人間だからこそ、金と契約で割り切って被告人が勝つためにベストを尽くして動くだろうから信用できるということなのです。

これも勝つか負けるか、結果がすべて、また、地獄の沙汰も金次第というアメリカ社会を反映しているでしょう。

上記のような映画は腐るほどあり、アメリカ社会における人種差別問題というのは根強いものがあります。ここでアメリカにおける白人の黒人に対する考え方や対応を、南北戦争を振り返って検証してみましょう。

白人は黒人をどう見てきたか

黒人（当時の奴隷階級、または有色人種全般を含む）に対するアメリカの白人の考え方や対応は大きく分けて二つあります。その違いは、南北戦争のときの南部と北部の差に表れています。

南部の白人は黒人を人間ではなく、動物か猛獣として、つまり、自分の下において制御すべき存在として見ています。それに対して、北部の白人は黒人を人間だけれど、自分たちの社会には不要、または不似合いな存在として、排除すべきものとして見ています。

これは、「ジョン・ブラウンの屍：おお兄弟達よ、我らに会わないか」という歌ができた経緯を知ると分かりやすいです。オリジナルのメロディは「リパブリック讃歌」(The Battle Hymn of the Republic) で、「一人と一人が腕組めば～」の、あの曲です。「ジョン・ブラウンの屍」の方は替え歌の一つです。ジョン・ブラウンは狂信的な奴隷制度廃止論者で、アメリカ南部の奴隷の鎖を実力行使で切って歩いて解放していく人でした。彼のやることは当時の南部の白人からすると、動物園の檻《おり》を壊して、猛獣のライオンを町に解き放つという感覚です。当然、狂人扱いされました。奴隷所有者に対しても武力攻撃を仕掛ける過激派で、一八五九年にバージニア州の連邦武器庫を襲撃しますが、失敗して捕えられ、同年十二月に絞首刑になりました。その後、ブラウンの信奉者たちによって彼の功績を称える歌「ジョン・ブラウンの屍」が作られ、南北戦争のときの北軍の非公式な行軍曲として盛んに歌われました。

私は以前、塾で某高校の入試の過去問を使って、教えたことがあります。問題の中に、「なぜ動物には人権がないのでしょうか」というのがありました。はじめは、何という問題かと思いましたが、アメリカの歴史を知ったとき、南部の白人の黒人に対する感覚と同じことだと気づきました。人間社会で生活する動物に自由がないのは当たり前じゃないかという感覚で、動物を黒人と置き換えると、意味が通じるのです。だから、ポリティカル・コレクトネス（ＰＣ）に反するということで、当時の南部の生活を描いた映画『風と共に去りぬ』は、未だに世界で一番長く公開されているロングランにも関わらず、今アメリカでは、公的な場所では上映禁止になっています。

次に、北部の白人の黒人に対する対応は、基本的にエスニック・クレンジングです。これは、リベリアという国の建国の経緯を考えると、分かります。南北戦争の結果、いわゆる「解放」された黒人をアフリカの地に送り返し、「自由の国」という名前のリベリアを建国させました。首都の「モンロビア」はモンロー主義が地名の由来です。こんな無責任極まりない排除によって、リベリアに送り返された黒人が現地の黒人を奴隷にしていくという悲惨な結果になりました。松本零士の『銀河鉄道９９９』に「自由の星」というのが出てきますが、人殺しが自由な国、自由の星という設定で、リベリアの顚末に似ています。

ただ、特定のグループを排除するというのはアメリカだけの話ではありません。ヒトラーも一九三八年まではユダヤ人を「追い出せ」という政策をとり、ユダヤ人を全員マダガスカル島に集めようとする計画を推進していました。三八年から「虐殺」に走ったために悪という評価で語られているだけで、ヒトラーが一九三八年に暗殺されていたら、偉大な政治家としてのみ名を残したろうと言われています。つまり、ヒトラーの一九三八年までのユダヤ人差別はドイツ史だと何の問題にもならず、ごくごく当たり前のことという認識なのです。

大統領選挙で争点となっている移民の扱いや人種差別についての議論は、この歴史的経緯やアメリカ人の考え方を踏まえて見ると分かりやすいでしょう。

第四章では主要なアメリカの大統領を一人ずつ採点していきます。

第四章

友情・敵対・隷属！
日米百五十年の歴史を振り返る

上から　「ハーバート・フーバー」「セオドア・ローズベルト」「エイブラハム・リンカーン」「ジョージ・W・ブッシュ」「ロナルド・レーガン」「ジョン・F・ケネディ」

これくらいは知っておきたいアメリカのこと

大学三年生のとき、私も進路に悩んでいました。最初に浮かんだのが、「全然、勉強していない」との想いでした。そして「学びたい」と思いました。人生で初めて、「本気で勉強したい」と思った瞬間だったかもしれません。

結果、大学院に進学し、そこで十年を過ごすことになります。在学中に大学非常勤講師の仕事を得たまでは良かったのですが、実態はフリーターで、定職にもつかずに明日をも知れない身分だったわけです。そもそも、大学教授の椅子の数が変わらないのに、大学院生の数だけ増えているのですから、職を得るなど本人の努力の数十倍の運が必要だということに、五年くらいたってから気づきました。

それでも努力だけはやめず、「自分は昭和初期の憲政の常道の研究者だから、アメリカに関して、これくらいのことは知っておかねばならない。もし将来、大学教員になって、大学の教養課程の授業で日米関係史を教えるようなことがあったときのために、準備しておこう」と考え、少しずつですがアメリカや日米関係のことを勉強し、ノートにまとめていました。

その内容を出版にこぎつけたのが、『嘘だらけの日米近現代史』です。

あれから三年たって本書を構想している今までの間に、アメリカの状況は劇的に変わりました。『嘘だらけ～』で、「アメリカはバカ、ヘタレ。でも、やるときはやる！」と書きましたが、トランプ旋風などは「やるときはやるアメリカ」の象徴のように思えます。見る人によっては「バカ」「ついでにヘタレ」に見えるようですが。

どちらが正しいのか、あるいは他に解があるのか。ニュースを聞いて今の現象だけを見ていたら、いずれも部分的に正しいと言えます。しかし、物事を見るとき、今を点で見るよりは過去からの流れで見た方が、より豊かに見えると思います。未来が見えない、だからこそ過去を振り返りながら、今の自分はどの立ち位置にいるのかを考えてほしいのです。

日米関係を振り返るフレームワーク

ペリーの黒船来航から今に至る日米百五十年の歴史を簡潔にまとめると、「友情、敵対、隷属」という三語に尽きます。

ペリーが来たときの第十三代フィルモア大統領からポーツマス条約の第二十六代セオドア・ローズベルトまで、アメリカは日本にとって最大の友好国でした。ローズベルトの次のタフトを過渡期として、第二十八代ウッドロー・ウィルソンから日米関係は敵対に転じ、反日・親中の第三十二代フランクリン・デラノ・ローズベルトで対立の頂点に達します。以後、第二次世界大戦終結時の第三十三代ハリー・S・トルーマンから本書執筆時現在の現職大統領、第四十四代バラク・オバマまで隷属が続いて今に至ります。

小著『嘘だらけの日英近現代史』（扶桑社、二〇一六年）で、私は百六十年の日英関係を「友情、敵対、破滅」の三語で表しました。大日本帝国は史上最大最強の大英帝国に敢然と立ち向かい、刺し違えてともに滅びた。だから「友情、敵対、破滅」というわけなのですが、今やその大英帝国の下足番だったアメリカ合衆国に、戦後日本は隷属し続けているという体たらくです。悔しいことですが、現実です。

日米関係から見たときには「友情、敵対、隷属」の三期に分かれるのでいいとして、では、アメリカの国益や世界にとって歴代大統領はどうだったのか、この章では初代ジョージ・ワシントンから重要な人物をピックアップして、第二十六代セオドア・ローズベルトからはすべての歴代大統領の通信簿をつけていきたいと思います。採点基準は三つです。

① アメリカの国益にどれほど貢献したか

② 世界の秩序にどれほど貢献したか

③ いつまで正気を保ったか

①と②は他の国の指導者にも適用可能な普遍的なものです。そこへもうひとつ③の基準がどうしても必要なのがアメリカならではです。①はアメリカ人から見たときの基準、②はアメリカ以

外から見た客観的な基準、③は自然科学的基準です。各項目五点満点の五段階評価で見ていきましょう。括弧内は在任期間です。

初代
ジョージ・ワシントン

（1789〈寛政元〉年4月30日～1797〈寛政9〉年3月4日）無所属

①国益への貢献 5点 ☆☆☆☆☆

②世界秩序への貢献 5点 ☆☆☆☆☆

③正気を保ったか 5点 ☆☆☆☆☆

すべての項目で五点満点という、歴代大統領の基準となる大統領は誰かといったら、ジョージ・ワシントンをおいてほかにいないでしょう。

まず、アメリカという国を創ったのですから、国益は五点です。国といっても当時のアメリカというのは今で言えばEUのようなもので、統一された国民国家としてのアメリカを創ったのは実際には第十六代のリンカーンですし、いわゆるアメリカ独立戦争でワシントンの戦いぶりがどうだったかといえば、逃げまわっていただけのゲリラにすぎません。

しかし、たとえそうだとしても、アメリカ人に内ゲバを起こさせずに独立にこぎつけたのは間違いなく特筆大書すべき偉業です。なにしろ、全会一致で選ばれた大統領は、今に至るまでジョージ・ワシントンただひとりなのですから。のち、第五代ジェームズ・モンローの二期目の選挙のとき（一八二〇年）、対抗候補がいなくて全会一致になりそうだったのを、「全会一致はジョージ・ワシントンだけでいい」と言って一人だけ反対票を投じた人がいたといいますから、どれだけワシントンのときの全会一致がアメリカ史上稀に見る事例として大切に思われていたのかがわかります。

そもそも当時のアメリカは基本的に何とかサティアンみたいなもので、宗教原理主義者の集まりでした。そこへ、母国で食い詰めた人だとか、色々ヤバくなって逃げてきた人だとか、一旗揚げたい人だとかが混ざっているのですから、普通に考えたらまとまるわけがないのです。それが一致できたのは、イギリス国王ジョージ三世という共通の敵がいたことも大きいですが、八年間負けっぱなしで逃げまわっていたワシントンの下でまとまれたのは、ワシントン自身にも謎のカリスマがあったとしか思えません。

ワシントンが正気を保てた重要な理由は、ゲリラとはいえ彼が一応は軍国主義者だったことにあります。基本、宗教原理主義の国が正気を保とうと思ったら軍国主義をやるしかありません。なぜなら、宗教原理主義者は国家よりも自分の信じる教えを大事にします。極端でもなんでもない話、国の法律で「人を殺すな」と決められていても、自分が信じる宗教の指導者から「あいつを殺せ」と命令されたら、何の罪悪感を抱くこともなく人を殺せるのが宗教原理主義者です。軍国主義は国家が最高の価値とされます。だからこそ、お国のためには人を殺すこともあります。しかし、それはあくまでも例外で、普通の国は法律で「人を殺してはいけない」と厳に戒めています。もちろん軍国主義が素晴らしいというつもりはありませんが、国によっては宗教のような凶暴なものを抑え込むために軍国主義を採用するというのは、よくある話なのです。

さて、かくも偉大なジョージ・ワシントンなのに、彼をモチーフにした映画というのはあまり思い当たりません。傑作映画の『パトリオット』も別にワシントンが主人公ではありませんし。

ワシントンは歴史上の建国の祖ですから、中国で言えば堯《ぎょう》・舜《しゅん》・禹《う》に当たります。中国人が堯・舜・禹を映画にしないのと同じようなものなのでしょう。第一、奴隷大農園の主だったとか、戦いぶりは毛沢東や蔣介石と一緒で単なるゲリラ戦だったとか、不都合な史実を描くわけにもいかないでしょうし。ジョージ・ワシントンとは、中国史に喩えれば、堯・舜・禹のような三皇五帝時代の人が蔣介石をやっていたと思えば分かりやすいです。

第二代ジョン・アダムズは別に取り上げなくてもいいので飛ばします。一応日本人が覚えておかなければいけないのは第三代トマス・ジェファーソンで、アメリカ独立宣言を起草した建国の父の一人として、今なお崇め奉られています。もっとも、人種差別主義者だったとボロクソに書いている本もありますが。

実際、ジェファーソンは大農園主であり、恵まれた生活を送ったことは間違いありません。マサチューセッツ州出身の第二代のジョン・アダムズを除き、第五代のジェームズ・モンローまでの歴代大統領はみなバージニア州出身で、バージニア王朝と呼ばれました。バージニア出身の大農場主による貴族政治だったわけです。

「アメリカは民主主義の国じゃないんですか?」という突っ込みが聞こえてきそうですが、革命というものは王様に対して貴族が起こすものです。本当に貧乏な人は革命など起こせません。

第7代
アンドリュー・ジャクソン

（1829〈文政12〉年3月4日〜1837〈天保8〉年3月4日）民主党

①国益への貢献　2点　☆☆

②世界秩序への貢献　0点

③正気を保ったか　2点　☆☆

第六代ジョン・クィンシー・アダムズは第二代ジョン・アダムズの息子で、バージニア州出身ではないものの、ええとこのお坊ちゃんなのでここまでを貴族政治としていいでしょう。第七代アンドリュー・ジャクソン以降は様々な出自の大統領が現れるようになりました。

ジャクソンは第四代のマディソン大統領のとき、負け戦の英米戦争で将軍として戦い、停戦協定が結ばれたあとになってから奇襲攻撃で勝ちました。おかげで、敗戦気分で打ちひしがれていたアメリカ人たちは勝った気になってはしゃいだのだとか。負け戦ではそうやって無理矢理にでも英雄を作りたくなるのはもっともです。とはいえ、宣戦布告の二時間前に真珠湾を攻撃するのと、停戦協定が結ばれてから奇襲攻撃をするのとではどちらが悪いのでしょうか。

日本人の学者の中には、無理矢理に「当時は通信が発達していなかったからだ」と弁護してあげる人もいますが、ジャクソンなど単なる卑怯者です。「リメンバー・パールハーバー」と言われてうなだれる一方で、頼まれもしないのにジャクソンの弁護役を買って出ているようでは、日本が国際社会で生きていけるようになる日は遠いでしょう。

大統領に就任したジャクソンは、人事に猟官制を導入しました。選挙で勝った政党が自党の党員や支持者を公職に任用する、今のスポイルズ・システムを作ったわけです。

貴族制から猟官制に変えた結果、金権腐敗政治がはびこって今に至ります。アメリカには安全保障関係の国防総省と国務省、CIAやFBIなどの少数の官庁を除いて官僚機構がありません。大統領選挙のたびに入れ替わるからです。その制度を作ったということで、大統領としてはあまり高く評価できません。

なお、個人的にはタフガイとして知られています。

妻を中傷した男に憤慨して「俺の悪口はいいけれど、嫁の悪口は言うな。決闘だ」と立ち向かったところなんかは褒めてもいいと思いますが、いかがでしょう。大統領としての採点にはまったく関係ありませんが。

第11代 ジェームズ・ポーク

（1845〈弘化2〉年3月4日～1849〈嘉永2〉年3月4日）民主党

①国益への貢献 5点 ☆☆☆☆☆

②世界秩序への貢献 3点 ☆☆☆

③正気を保ったか 1点 ☆

アメリカ領土の西部への拡張を「マニフェスト・デスティニー」、つまり「神がアメリカに与え給うた明白な天命であーる！」と唱えてアメリカの領土を最も拡大させました。こんなことができたのは、泣く子も黙る砲艦外交の代名詞だったイギリスのパーマストン外相がたまたま運良く下野中だったからです。当時メキシコ領だったテキサスを強引に併合してメキシコに文句を言われると、米墨《べいぼく》戦争で叩きのめしてカリフォルニアを奪いました。

ポーク大統領はメキシコにボロ勝ちしながら、小国日本には殴られた、という楽しい人です。ペリー来航より七年前の一八四六年、日本に開国を求めるためジェームズ・ビッドルという海軍士官を派遣したところ、何かの手違いでビッドルは日本側の護衛の武士に殴られ、開国要求もあっさり断られてしまいました。それでもことを荒立てることなく、おとなしく帰っています。

アメリカの国益への貢献度は、これだけ領土を拡張したのですから五点にするしかないでしょう。世界秩序もまあ三点でいいかなと思います。正気度は「マニフェスト・デスティニー」と言っている時点で一点です。ポークは、自然科学的に頭がオカシイことがアメリカの国益の観点では五点になるという点で、ある意味で極めてアメリカ的な大統領であると言えます。

第13代
ミラード・フィルモア

（1850〈嘉永3〉年7月9日～1853〈嘉永6〉年3月4日）ホイッグ党

①国益への貢献　4点　☆☆☆☆

②世界秩序への貢献　1点　☆

③正気を保ったか　4点　☆☆☆☆

フィルモアは奴隷問題で国内の分裂を避けるために苦心を重ねました。奴隷制を合法として認める奴隷州と、認めない自由州とのバランスに腐心し、人口の大きなカリフォルニアを自由州として認める代わりに厳重な逃亡奴隷取締法を制定して南部をなだめ、なんとか内戦を起こさずに妥協にこぎつけています。この妥協を一八五〇年協定といいます。

内戦を防いだということで内政への貢献度は四点でいいでしょう。また、こういう妥協ができたということは一応正気を保ったということですので正気度は四点。ただし外政では日本にファンタジスタ・ペリーの黒船をよこした大迷惑な大統領なので一点です。ペリーの何がどう「ファンタジスタ」なのかについて、小著『嘘だらけの日米近現代史』で述べたことと重なりますが、本書は日米関係の本ですのでこちらでも説明しておきましょう。

二〇一二年九月の自由民主党総裁選で安倍晋三が勝ったのはファンタジスタ石原伸晃《のぶてる》のおかげだ、と私は常に声を大にして感謝を捧げ、褒め称えてきました。選挙戦初盤の情勢では、自民党の主な派閥がみんな一致して石原支持で行くと話が決まっていたのに、彼は自ら次から次へと惜しみなくオウンゴールを連発し、安倍総裁実現に最大の貢献を果たしてくれたからです。幕末の日本にとって、「炎のオウンゴーラー」こと石原伸晃と同じくらいありがたい「ファンタジスタ」がペリーでした。

当時、日本の周辺にはアジアに触手を伸ばす列強がひしめいており、中でもイギリスとロシアは、グレートゲームと呼ばれる世界を股にかけた勢力圏獲得競争の真っ最中でした。日本としては、イギリスと組んでもロシアと組んでも、もう片方に睨まれて因縁をつけられるでしょうし、どちらも大国すぎて飲み込まれかねません。どうしようかというときに飛び込んできたのがペリーでした。強すぎず、弱すぎず、そこそこの新興国のアメリカと組むのが、ちょうどいいとばかりに、日本は和親条約（一八五四年）を結び、ついで修好通商条約（一八五八年）を結びました。

アメリカが日本を黒船で脅せば、日本も負けずに大砲の訓練をして脅し返しています。お互いに脅しあって日米はとても仲良くしていました。脅しても脅し返せないようなひ弱な相手と組んでも同盟としての意味がありませんから、こんなことは当たり前で、友好関係のうちなのです。

少し時代が先へ飛んでしまいますが、実際にアメリカが役に立つかどうかという機会が訪れたのは、一八七五（明治八）年、千島・樺太をめぐる日露交渉のときです。当時アメリカは第十八代、ユリシーズ・グラント大統領の政権でした。アメリカが少しは頼りになるかと思って仲介を依頼したところ、ロシアに「お前なんか出てこなくていい。日本と直接交渉する」と一蹴されてすごすごと引き下がり、何の役にも立たなかったという結果になりました。当時のアメリカはその程度の弱い国だったということです。

しかし、日本が列強に押し付けられた不平等条約の改正を真っ先に受け付けてくれようとしたのはアメリカでした。アメリカとしてはヨーロッパの大国に先駆けたいという目論見なのは当然ですが、日本としてもイギリスやロシアと最初に交渉したら、どんな酷い条件を押し付けられるかしれません。それが先例となり、他の国との条約も同じように酷いものとなるのは必定でしたから。そんな日本の思惑がわかっているから、アメリカも「ウチと最初に条約を結びましょうよ」と持ちかけてきているわけです。そういう意味での「友情」です。

日本が外国に使節団を送ったのも、遣欧使節団（一八六二年の文久遣欧使節団）より遣米使節団（一八六〇年の万延元年遣米使節団）のほうが先でした。アメリカは日本にとって最大の友好国でした。

ちなみに、アメリカが何の役にも立たなかった日露交渉で榎本武揚《えのもとたけあき》が大活躍した話は、一番詳しく一次史料を載せて書いた『嘘だらけの日露近現代史』（扶桑社、二〇一五年）をはじめとして、『歴史問題は解決しない』（PHP研究所、二〇一四年）、『反日プロパガンダの近現代史』（アスペクト、二〇一四年）、『負けるはずがなかった！　大東亜戦争』（アスペクト、二〇一四年）、『日本人が誇るべき《日本の近現代史》』（ヒカルランド、二〇一五年）と、全五冊あります。どれを読んでいただいても結構ですので、ぜひご一読ください。明治の日本にはこんなに素晴らしい外交官がいたのだと、元気が出ること請け合いです。

第16代
エイブラハム・リンカーン

（1861〈文久元〉年3月4日～1865〈慶応元〉年4月15日）共和党

①国益への貢献　5点　☆☆☆☆☆

②世界秩序への貢献　1点　☆

③正気を保ったか　3点　☆☆☆

アメリカ史ですと最重要人物なので一応取り上げましたが、本書の主題とはあまり関係ないので軽く流します。

時代を日露交渉の一八七五年から十四年ほど巻き戻しまして、「アメリカの始皇帝」ことリンカーンです。ワシントンやジェファーソンが堯・舜・禹なら、リンカーンは始皇帝としか言いようがありません。日本人にとって、一般にリンカーンとは道徳の教科書に出てくる人ですが、実際は極悪人の大嘘つきでした。詳しくは『嘘だらけの日米近現代史』で書きましたので、ご一読を。

事実上のアメリカ建国の祖ですから、国益への貢献はワシントンと同じ五点。南北戦争が嚆矢《こうし》となり世界の戦争は総力戦になっていたので、はた迷惑この上ありませんから世界秩序への貢献は一点。正気に関しては、彼の奴隷政策への偽善というのもおこがましい極悪非道の態度は否定したいですが、それでも連邦統一のためには政治家として振る舞ったことを考えると差し引きして三点とします。

なお、日本との関係で言うと、必ず「南北戦争でアメリカは日本に関われなくなった。戦争終了後、余った武器が大量に日本に流れ込み、幕末動乱で使用された」と語られます。後者はともかく、前者は眉唾《まゆつば》です。

当時の日本にとって最大の脅威はロシアで、英仏（の出先の外交官たち）が食指を伸ばしています。ロシアは隣国の大国なので組むと飲み込まれるとの判断で、日本人は誰も組みません。幕府はフランス、討幕派はイギリスと接近するのですが、アメリカなど南北戦争があろうがなかろうが、英仏露の誰にも対抗できません。そんな力などありはしないのです。だからこそ、幕府は和親条約も修好通商条約も最初にアメリカと結んだことは既に述べました。

リンカーンの時代のアメリカは、ようやく産声をあげた新興国なのです。

第26代 セオドア・ローズベルト

（1901〈明治34〉年9月14日～1909〈明治42〉年3月4日）共和党

①国益への貢献 5点 ☆☆☆☆☆

②世界秩序への貢献 4.5点 ☆☆☆☆☆

③正気を保ったか 5点 ☆☆☆☆☆

セオドア・ローズベルトは、あるべき日米関係を考えるうえで極めて重要なので、少し丁寧に説明したいと思います。

南北戦争が北軍の勝利と確定した直後にリンカーンが暗殺され、奴隷解放などすぐに有名無実になります。特に旧南部では、奴隷解放に関する法律が次々と連邦最高裁の判例で骨抜きにされていきます。現実の奴隷解放は、百年後のジョン・F・ケネディを待たねばなりません。

そんなことよりアメリカ人が熱中したのは、太平洋への侵略です。

西へ西へと領土を押し広げるマニフェスト・デスティニーは、アメリカ本土の西海岸に到達しても止まりませんでした。次の標的はハワイです。あんな太平洋の小島を取ってどうしようというのか。幕末の日本ですら小笠原諸島の領有権を英米と争って勝てているぐらいで、こんなところまでイギリスが本気で艦隊を派遣するなどあり得ない場所です。宗教的情熱だとしか考えようがありません。

ハワイは最初、イギリスに怯えてアメリカと組もうとしていましたが、アメリカがハワイ領有への野心をあからさまにするにつれて、今度は日本を頼ろうと考えました。一八八一（明治十四）年、ハワイのカラカウア王が世界一周旅行の途上で日本を訪れ、明治天皇と会見して、「山階宮《やましなのみや》をうちの娘の婿にください」と申し入れます。このとき、カラカウア王は、ハワイ、日本、朝鮮、清、ペルシャの大アジア連合を作ろうとも持ちかけたと言われます。

日本としては、大友好国のアメリカを袖にして、ハワイや清や朝鮮と組むなどという妄想に付き合うわけにはいきませんから、丁重に断りました。ただし、ハワイが日本の移民を受け入れる話は順調に進んでいます。それで現地のアメリカ人が危機感を抱くというおまけはつきましたが。

一八九三年、ハワイで王宮クーデターが起こり、わずか百五十人ほどの蜂起で瞬く間にハワイ王朝を倒してしまいました。日本の外務大臣陸奥宗光《むつむねみつ》・外務次官林董《はやしただす》のコンビは居留民保護のために軍艦浪速《なにわ》を現地に送り、ハワイ人と居留民は大いに喜んだといいます。このときの浪速艦長が、のちに日露戦争で日本海海戦を勝利に導く東郷平八郎《とうごうへいはちろう》です。日本としては、アメリカのハワイ侵略にちらりと鎧は見せつつも、基本的には認めるという教科書通りの外交です。

このハワイが正式に併合されるのが一八九八（明治三十一）年、第二十五代ウィリアム・マッキンリー大統領の政権のときでした。アメリカはとどまることなく西漸《せいぜん》を続け、この年の米西戦争でキューバ、フィリピン、ハワイを取りに行ったのです。キューバとフィリピンはスペインから奪い取り、ハワイはスペイン領ではありませんがドサクサ紛れに併合しています。

一八九三年の段階では、米国議会は併合に反対していました。なぜ現地の利権屋のために予算を費やして軍を動かし、血を流さなければならないのか、本当は植民地を持ってもたいして割に合わないのではないか、という、どこの国でも行われた議論がアメリカにもあったのです。しかし結局、米西戦争のときに、アメリカはハワイを海外領（テリトリー）として組み込み、フィリピンを植民地（コロニー）にしました。

ちなみに、コロニーとテリトリーの差というのは重要です。真珠湾を攻撃した山本五十六はこの違いを理解できていなかったのですから、その時点で愚将です。彼が愚将である理由は他にも山のようにありますが。

一八九三年のハワイ王宮クーデターのときの日本は第二次伊藤博文内閣陸奥宗光外相の下、先述のようにリアリズムに徹した外交をやっていました。ところが米西戦争では、時の総理大臣兼外務大臣は大隈重信《おおくましげのぶ》でした。この内閣は自由党の板垣退助《いたがきたいすけ》と進歩党の大隈重信が合同して結党した巨大与党、憲政党の内閣で、俗に「隈板内閣《わいはんないかく》」と呼ばれます。大隈と駐米公使の星亨《ほしとおる》は競い合うかのようにハワイ併合に対する抗議文をアメリカに送りつけました。しかも、文章はどんどん過激になるのに内容はどんどん後退していくという、何がしたいのかまったくわけのわからない代物です。

ハワイ併合の一八九八年といえば、日清戦争で勝った日本が三国干渉で遼東半島を取り上げられた三年後で、国を挙げてロシアへの怒りをこらえつつ臥薪嘗胆《がしんしょうたん》をやっている真っ最中です。そんなときに、「これは宣戦布告か?」とマッキンリー大統領が目を剝くような激烈な文書を最大友好国のアメリカに送って外交危機を招いたのですからどうかしています。ちなみに、大隈内閣が組閣されたとき、星亨は「俺を外務大臣にしろ」と言って組閣に抗議するため、勝手にアメリカから帰国するという騒ぎも引き起こしています。首相兼外相と駐米公使がアメリカへの挑発を競っているのです。

マッキンリーが正気を保っていて大隈らのデタラメを相手にせず、隈板内閣が四カ月で潰れてくれたのは不幸中の幸いでした。

ところで、この米西戦争というのは、地政学で見ると英独代理戦争でした。そのことを見抜いていたのが、六年後の日露戦争で東郷平八郎の参謀を務めることになる名戦略家、秋山真之《あきやまさねゆき》です。秋山は米西戦争の観戦武官として派遣されていました。ここで一八九八年当時の国際情勢を見てみましょう（一八九頁、図参照）。

イギリスは光栄ある孤立で、フランスと潜在的に対立しています。普仏戦争（一八七〇年）以来のドイツとフランスの対立はこの時期には小康状態で、特にこの瞬間にケンカになるような争

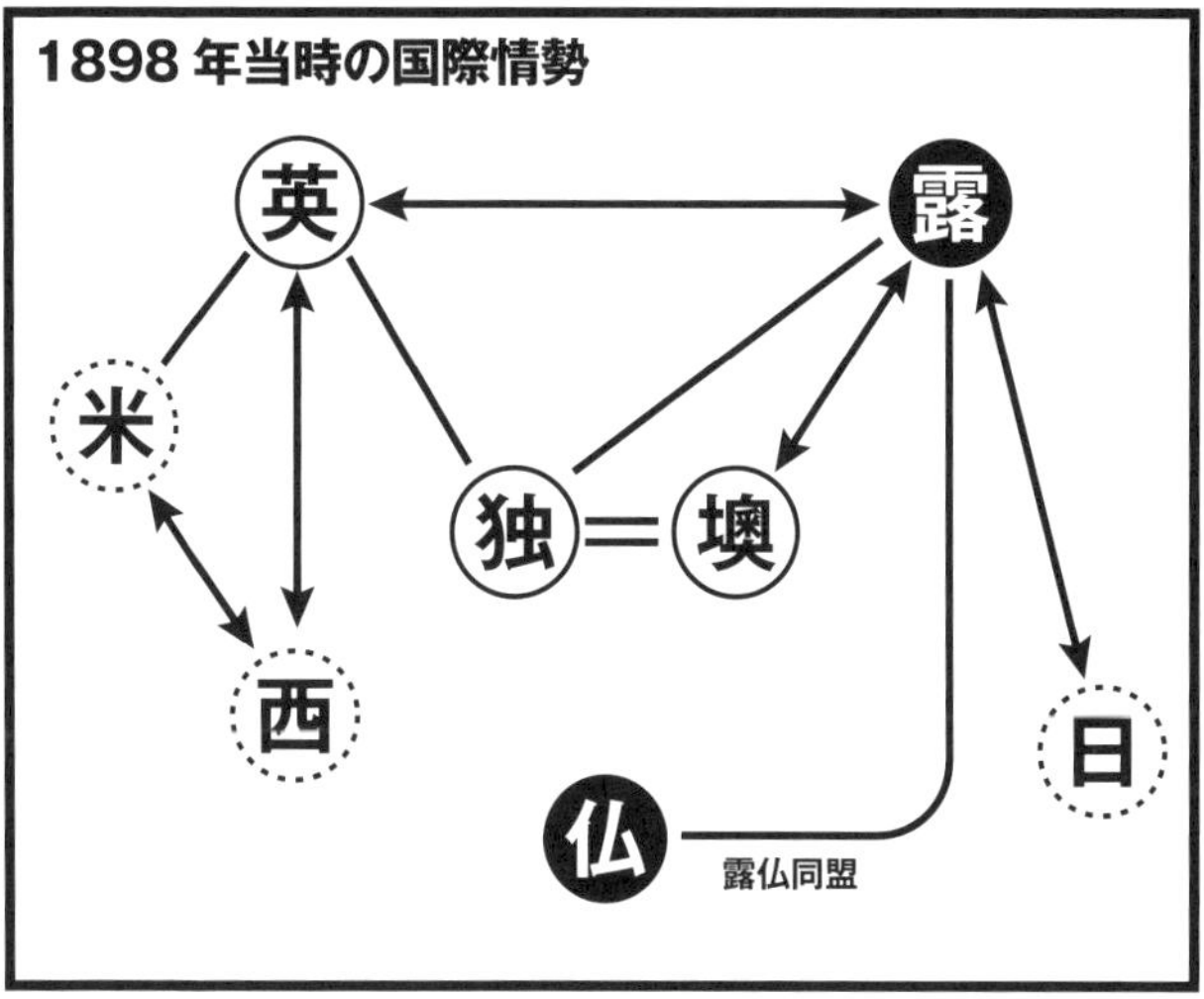

点はありません。三年前に一緒に日本に対して三国干渉をした仲ですし。ドイツとオーストリアとの同盟が運命共同体化する一方、そのオーストリアとロシアとのバルカン半島における対立が激化しています。本来はここでトルコも絡めて説明するべきですが、ここでは煩雑になりますので省略します。詳しくはぜひ、小著『世界大戦と危険な半島』（KKベストセラーズ、二〇一五年）をご覧ください。

ドイツとロシアの関係は決して悪くありませんが、オーストリアとロシアの仲が悪くなって三帝同盟を解消した直後という状況です。イギリスとロシアはグレートゲームのライバルですから、当然、潜在的に対立しています。イギリスとドイツの間はフリーハンドです。イギリスにしてみれば、ロシアとケンカするためにドイツと組むという選択肢も当然あり得ます。ただし光栄ある孤立を保持していますので、同盟を組むというような話ではありませんが。

一方、ロシアと日本の関係は満洲問題をめぐって先鋭化していました。山県有朋がサンクトペテルブルクに飛んで交渉したり、西・ローゼン協定を結んで朝鮮半島での日本の権利を認めさせようとしたりして、ロシアの動きを止めようと必死です。ロシアはどんな条約を日本と結ぼうが意に介さず、朝鮮半島で露館播遷《ろかんばんせん》をやっていました。朝鮮の王様自らがロシア公使館に居候をするという珍事です。ロシアからしたら、「韓国が俺に抱かれにやってきたんだから、俺のものにして何が悪い」という態度です。このころの日本は、イギリスがまともに相手にしてくれて日英同盟を結べる、などという未来を描ける状況ではありません。

結局、この時期の情勢は、独墺運命共同体、露仏同盟、そしてイギリスの三勢力に分かれ、誰がどちらにつくかという選択肢がたくさんありました。

そんな中で、アメリカが死にかけのスペインと戦ったのが米西戦争です。ここで大前提として重要なのが、南北アメリカ大陸におけるスペイン語の影響力の強さです。実際、カナダとアメリカ合衆国以外の南北アメリカ大陸はざっくり言えばすべてスペイン語圏です。ブラジルはポルトガル語ですが、スペイン語とポルトガル語の違いは標準語と関西弁の違い程度のものです。今でもアメリカ大統領選挙で候補者がスペイン語を喋れるかどうかが当選を左右するほどなのですから、ましてや当時、大英帝国があろうが、アメリカ合衆国が南北アメリカ大陸で棍棒《こんぼう》外交に勤《いそ》しもうが、スペイン語の影響力がどれほど大きなものだったか。無敵の大英帝国がアメリカのモンローにモンロー主義をやらせてスペイン語の浸透を防ごうとしたことからも、イギリスがスペインの文化的影響力にどれほどの警戒心を抱いていたかがわかるでしょう。

さて、ハワイ併合直前まで海軍次官を務めていたのが、のちに第二十六代大統領となるセオドア・ローズベルトです。ローズベルトは正気だったのでイギリスにつき、米西戦争を始める前からイギリスにしっかり根回しをして了解を得ます。ローズベルトはカイザーことウィルヘルム二世を「パイプドリーマー」と呼び、組んでは危ない相手だと見ていました。一方この頃、アメリカは「英米は血の一体だ」というまったく根拠のないプロパガンダを盛んに流しています。本当に緊密な絆があって一体であれば、こんなプロパガンダは必要ありません。ですから、これがイギリスとカナダなら、「英加は血の一体だ」などと言うまでもないのです。当時からこのプロパガンダを日本人が真に受けてしまったのは残念でした。冷静に見れば英米が潜在的敵国であるのは明らかだったのですが。

アメリカがイギリスについたので、スペインとドイツが結びつくことになりました。といっても陰謀家で誠意などかけらも見せないカイザーは口先支援ですが。この瞬間、米西戦争は確かに英独代理戦争になったのです。要するに米西はパシリで、英独は友好国でありながらこんなふうに角つき合っている。イギリスは光栄ある孤立ですから明確な同盟関係などあるわけがないという状況で、それを見ぬいた秋山は、やはりただものではありません。

米西戦争で、アメリカはスペイン海軍をあっという間に負かしたものの、上陸する能力がなく、陸に上がってからはスペイン軍といい勝負になっていました。アメリカ人はよく世界で最初に最新兵器を導入する人たちで、このときは〝真っ黒に燃え上がる無煙火薬〟を登場させています。

そんなこんなで苦労はあったものの、米西戦争の結果、アメリカはキューバ、ハワイ、フィリピンを取り、地域大国の地位に上り詰めました。

この過程でテディは大統領になります。まさにアメリカを大国にした大統領なのです。

ところでセオドア・ローズベルトは狩りのときに森で出遭った子熊があまりにも可愛らしいので撃たなかったというだけで、偉人として讃えられるようになってしまった変な人です。セオドアの愛称のテディとその熊がぬいぐるみのテディベアの語源です。なぜアメリカではこんなエピソードが道徳的に素晴らしいと二宮金次郎のごとく褒め称えられるのかさっぱりわかりません。残念ながら出典が確認できないのですが、実はその日は熊の狩猟で一匹も獲れなかったから、代わりにといって誰かが子熊を連れて来て、「さあ撃ってくれ」と言われた。さすがに「そんなことはできない」と断った、という説もあるそうです。これで偉人になるなら、普通のアメリカ人はそういうときに撃つのでしょうか。ますますもって何が偉いのかわかりません。

とはいえ、セオドア・ローズベルトがアメリカを本格的に大国に押し上げたことは確かです。国益への貢献は文句なしの五点、道徳的には極悪人なのですが正気度も五点です。

イギリスとしてはアメリカがドイツについては困るので、南北アメリカでアメリカが威張ってもイギリスの利権を侵さなければいいだろう、テディなら話がわかるし、というわけで、テディ・ローズベルトのころからモンロー主義が実体化していきます。のちに極東の憲兵を日本にやらせたのと同じように、イギリスはテディが南北アメリカの憲兵を務めるのを認めたのでした。世界秩序への貢献は、テディの棍棒外交で殴られまくったカリブ海の人々に配慮して四・五点ということにしておきます。パナマ運河を着工し、海軍力でカリブ海諸国を圧してやりたい放題の砲艦外交をやりました。

さて、突然ですが、ここで問題です。

・外交史クイズ（まだまだ初級編）
ポーツマス会議において小村寿太郎はウィッテに負けたとの説がある。当事者の予見可能性に留意して論評せよ。

※当事者の予見可能性に留意＝小村とウィッテがそれぞれ知り得た情報に気をつけよ。

【参考】それぞれの戦争目的（評価基準）

自由民権運動と東大七博士

①　敵首都占領　「サンクトペテルブルクまで攻略しろ〜！」

最近の外交史家

②　彼我の戦傷者の数

③　樺太の領有権

④　賠償金の有無と多寡　「全然取れてないじゃんか！」

これは私が主催するインターネット上のコミュニティ、倉山塾の掲示板で、実際に塾生に向けて出題した問題です（誤入力修正や括弧の追加以外は原文のままです）。集まった解答の中から、模範解答をひとつご紹介します。ハンドル名「政兄ぃ」さんという塾生さんの答案です。

基本的に日露戦争は日本の勝利なので、小村寿太郎が勝ったと思います。

ポーツマス条約にて日露の弱みを見ると、

日本側の弱み

1．兵站《へいたん》が尽きて継戦能力がない。

2．国内が戦勝ムードで多大な賠償をロシアに要求すべしといった世論が形成されている。

ロシア側の弱み

1．序盤戦に負けただけで持久戦に持ち込めば逆転できると主張する戦争継続派が存在している。

2．内政的に革命前夜のような状態。

3．ロシアは国が世界の真ん中にあるので太平洋を背後にしている日本のように全ての戦力を極東に投入できない。

日本は兵站が尽きていたことを隠し通せたので、ロシアも戦争が続く場合を考慮して賠償金の支払いのみに抵抗したと思います。終始米国大統領のテディを味方につけて有利に交渉を続けていましたのも高平小五郎の下準備がすばらしかったですね。

日本側は交渉結果を本国に報告して裁可を得て最終交渉に挑めたのに、交渉後にニコライ二世が結果を聞き激怒したようなので、交渉中も本国と連絡が余り取れてない状態と思われます。テディのおかげですかね。

倉山塾では本登録者だけでも約千五百人の塾生が、月に一回配信される帝国憲法講義のオーディオブックを聞き、塾コミュニティの掲示板ではこういうやり取りをして勉強しています。

帝国憲法を学ぶ塾なのですが、「こういうことも知らないと憲法の話もできまい」との考えで、日夜勉強と議論をしています。


一九〇五年、日本は日露戦争に勝利しました。日露の戦力差は後の対米戦での日米よりはるかに大きく、まさしく国運を懸けた戦いでしたが、日本は伊藤博文という優れた元老の下、桂太郎という卓越した総理大臣がいて、小村寿太郎外務大臣は金子堅太郎《かねこけんたろう》や高平小五郎をアメリカに送り込み、開戦前からテディに根回しをしていました。

死傷者数が多かったことや賠償金が獲れなかったことをもって日本が日露戦争に勝ったとは言えないなどという妄説を吐く学者がいますが、日本の戦争目的は朝鮮半島三十九度以北にロシアを押し返すということでした。朝鮮半島を全部押さえた上に南満洲まで手に入れたのですから一五〇パーセントの戦争目的達成で完勝です。

大国の関わる講和を仲介できるというのは大国の証ですから、ポーツマス会議はテディにとってもアメリカのステータスを上げる大チャンスでした。ヤクザが他のヤクザの抗争を調停することで名を上げるというのと同じ理屈です。

大国の関わる戦争を調停するのが戦と同じくらい大変なことだというのは、日本の戦国時代の武田・上杉の手打ちの顚末を見るとよくわかります。

第二次川中島合戦のとき、上杉軍と武田軍がにらみ合って手詰まりとなり、千日手の様相になりました。上杉謙信《うえすぎけんしん》は「半年でも一年でも二年でもここに陣取り、武田が音を上げるまで動かないぞ」という起請文《きしょうもん》を武将全員に書かせます。信玄《しんげん》は上杉謙信のような神がかりの戦争オタクではないので、こんな頭のオカシイ話には付き合えず、今川義元《いまがわよしもと》に調停を依頼しました。すると今川は二万の全兵力を動員してやってきて、信玄が信濃の豪族から奪ったものを返すという条件で両軍の兵を退かせました。謙信の戦争目的は「正義の姿を示すのだ。他人から奪ったものを信玄は返せ」なので、一応この瞬間に謙信の戦争目的は達成されています。

その後、当然のことながら、いったん退いてほとぼりが冷めたあと、信玄が約束を反故《ほご》にして侵略を再開するので第三次川中島の戦いが始まることになるのですが。それはさておいて、要するに今川義元クラスの大名が全軍でやってくるぐらい、大国同士の戦争を調停するというのは大変なことなのです。

話をテディが仲介した日露戦争に戻します。よく、樺太全島の領有権や賠償金について日本の要求を認めなかったからテディは反日だとか言う人がいますが、テディだって一方的にロシアの恨みを買うような調停ができるわけがありません。また、日露戦争で日本が勝ちすぎたから、このときからアメリカが対日戦争を考えていたなどというのも単なる俗説です。

テディはリアリストなので、日本に勝とうと思ったらイギリス海軍とドイツ陸軍を連れてこなければダメだ、少なくともアジア太平洋地域に限定すれば、大日本帝国が最強だと見抜いていました。である以上、ほどほどで手を打って日本と仲良くするというのが基本的な政策です。テディの特使タフト陸軍長官と総理大臣桂太郎の間で結ばれた桂・タフト協定（一九〇五年）で、日米は互いに韓国とフィリピンでのそれぞれの支配を認め合い、さらに高平・ルート協定（一九〇八年）

で中国の門戸開放と太平洋での現状維持を認め合っています。

一九〇七年にテディはアメリカ艦隊を世界一周させ、日本にもやってきて白船騒動と呼ばれました。テディの白船を迎えて、我が帝国海軍は大歓迎しつつ、裏では佐世保で大演習を行うという、まことに麗しい友好ぶりでした。

「テディは日本を白船で脅してきた。ペリーの黒船の次はテディの白船だ」と騒ぐ人もいます。

それでもなお、私は、この桂太郎とセオドア・ローズベルトのときの日米関係が最高だったと評価します。永遠の愛を誓い合って一心同体という状態からちょっとでも外れると同盟ではないかのような感覚で日米関係を語るような本に事欠きませんが、そもそも違う国同士のことなのですから、利害が異なるもの同士が共通の敵を作りつつ、お互いに強いのだからケンカしないでおきましょうね、と、自分の力を見せつけ合うのが同盟というものです。

外交とか友好とはこういうものです。戦争と外交は同じものであり、友好と敵対も同じものなのです。同盟を維持するのは戦をするのと同じこと。

国際政治とはそういうものだと理解しないで日米関係を語っても、仕方ありません。

第27代
ウィリアム・タフト

（1909〈明治42〉年3月4日〜1913〈大正2〉年3月4日）共和党

①国益への貢献 3点 ☆☆☆

②世界秩序への貢献 3点 ☆☆☆

③正気を保ったか 4点 ☆☆☆☆

テディ・ローズベルトの棍棒外交が軍事力を中心としたリアリズムだったのに対して、タフトは金を振り回すドル外交を行いました。軍事小国のくせに経済大国だったバブル期の日本の中曽根内閣が、東南アジアに威張り散らしたようなことをやっていたわけです。

日米は排日移民法で慢性的に揉めていて、日米関係はタフトのころからだんだん険悪になっていきます。ローズベルト政権の最後に結んだ高平・ルート協定があるので、「明日すぐ戦争になる」というような事態には陥りませんが、桂とローズベルトのときにあった完璧な友好はどんどん失われていきました。日韓併合などに関しては無茶なことを言わないものの、経済摩擦がどんどん深刻化していきました。

タフトのあまりにもリアリズムに欠ける外交にローズベルトが切れて、新党を作ってしまうほどです。もっとも、共和党の分裂は、内政問題での対立の方が圧倒的に大きかったですが。

排日移民法に関しては、日本から見ると「日本人をいじめた！　アメリカけしからん」なのですが、そもそもアメリカは移民の国で、特に日本がどうこうというより、先に来た人たちがあとから移民して来た人たちをいじめるという構造でとらえたほうが的確であるように思います。

保守論壇の人たちの中には「世界がアパルトヘイトでアジア人の日本を差別していた」と言う人もいますし、確かにそういう要素はありました。しかし、その理屈だけだとなぜ中国が大国にのし上がったのか説明がつきません。軍事力があれば、たとえ差別されても「だからどうした」で終了です。白人による黄色人種差別だけを言うというのは、嫌われることに対してあまりにも耐性がないひ弱さではないでしょうか。

こんなタフト大統領でも正気度の評価が四点なのは、大統領を辞めたあとに最高裁判事になった唯一の人だからです。アメリカの政治制度では、連邦最高裁の平判事のほうが大統領より偉いのです。アメリカ大統領は世界最弱の権力者であり、アメリカ連邦最高裁は世界最強の拒否権集団ですから、これほど鮮やかな天上がりはそうあるものではありません。

第28代 ウッドロー・ウィルソン

（1913〈大正2〉年3月4日～1921〈大正10〉年3月4日）民主党

①国益への貢献　1点
☆

②世界秩序への貢献　-30点

③正気を保ったか　-15点

世界秩序への貢献は五段階評価でマイナス三〇点、正気度はマイナス十五点です。これまでの私の著書でさんざん筆誅を加えていますので、もはや多弁を弄する必要もありませんが、大英帝国にケンカを売り、まとめてフランス帝国にケンカを売り、ついでに大日本帝国にケンカを売り、ロシア帝国を滅ぼし、ドイツ帝国をぶっ潰し、ハプスブルク帝国を八つ裂きにし、オスマン帝国を抹殺し、ロシア革命を擁護しまくってソ連を育て、その他中国・北朝鮮の共産主義国家を生まれさせたのも元をただせばコイツのせいです。今の人類の不幸の最低九割がウィルソン一人の責任と言っても過言ではありません。正気度は医学的に大マイナスだということが明らかになっています。私が勝手に言っているわけではなく、フロイトがそういう本を書いています。任期の最後の一年は本当に気が狂っていました。

問題は国益への貢献で、第一次大戦をどう評価するかでしょう。当時のアメリカでは第一次大戦への参戦はまったく評価されず、「何しに行ったのだ。結局、アメリカの若者を死なせただけではないか」とボロクソに言われていました。「世界の大国になんて俺たちは誰もなりたいと思っていない」という反発が強かったので、国際連盟加入も議会で否決されています。第二次世界大戦がなければ第一次大戦にまったく意味はないので一点としましたが、いかがでしょうか。

第29代
ウォレン・ハーディング

（1921〈大正10〉年3月4日～1923〈大正12〉年8月2日）共和党

①国益への貢献　2点　☆☆

②世界秩序への貢献　-10点

③正気を保ったか　3点　☆☆☆

ハーディングは内政で何もしなかったがゆえに、大恐慌までの八年間、アメリカ経済は絶好調でした。アメリカ史上最も成功しなかった大統領だと言われているそうですが、相対評価で言えば、内政には二点を上げてよいと思います。

ひどかったのは外交です。日英同盟を切ることだけを目的にしてワシントン会議を引っ掻き回し、イギリスに貸した金を盾にして無理やり言うことを聞かせました。日本は日英同盟を切られた恨みを、なぜかアメリカではなくイギリスに向けてしまいます。

正気度は内政と外交を集合した平均で三点でいいでしょう。前任者のウィルソンがあまりにもオカシイのでハーディングがまともに見えますが、相対評価で言うと、セオドア・ローズベルト以降、最も反日的な共和党大統領がハーディングです。基本的に共和党の大統領は親日なのに、ハーディングだけが異様なまでに反日でした。

日本の首相は原敬と高橋是清でしたが、原敬の拝米、媚米ぶりがあまりにもひどく、ウィルソンの横暴をすべて許していました。原敬が暗殺されたあと、後継者の高橋是清には何の選択権もなく、媚米拝米を続けます。外務大臣は明治以後、歴代外務大臣の中で最低最悪の栄誉に輝く内《うち》田《だ》康哉《こうさい》ですから論外です。アメリカに日英同盟を切るよう無理強いされたイギリスが「断ってくれ」というニュアンスで「切りますか」と聞いているのに、「はい、それじゃ切りましょう」と答えた幣原《しではら》喜重郎《きじゅうろう》駐米大使の罪も重大でした。

日英同盟を切ったことがどれほど国際秩序に害を与えたか、日英双方の国益を棄損したかは、『大間違いの太平洋戦争』（ＫＫベストセラーズ、二〇一四年）、『嘘だらけの日英近現代史』をご参照ください。

第30代
カルヴィン・クーリッジ

（1923〈大正12〉年8月2日〜1929〈昭和4〉年3月4日）共和党

①国益への貢献　2点　☆☆

②世界秩序への貢献　1点　☆

③正気を保ったか　3点　☆☆☆

クーリッジは「外政で無茶苦茶をやらないハーディング」です。「ハーディングと違って、クーリッジは汚職しかしないからよい大統領だ」と言われました。何もしなかったところが何よりも国益に貢献したという人です。何もしていない以上、世界に特に迷惑をかけることもないので、世界秩序への貢献は一点、正気はハーディングと同じでいいでしょう。

日本は大正デモクラシーで過渡期を迎え、外交は幣原喜重郎が外相に出世し、原敬路線を継いでいました。

第31代
ハーバート・フーバー

（1929〈昭和4〉年3月4日～1933〈昭和8〉年3月4日）共和党

①国益への貢献　0点

②世界秩序への貢献　0点

③正気を保ったか　5点　☆☆☆☆☆

ハーバート・フーバーの正気度は間違いなく五点です。ウィルソン、ハーディング、クーリッジと、ろくでもない大統領がフーバーの前に三代続き、フーバーのあとはフランクリン・デラノ・ローズベルトとハリー・トルーマンです。目を覆いたくなるようなひどい大統領続きの前後三十年間で、フーバーは最も正気の真人間でした。

正気だった証拠に、彼は一九三〇年のロンドン会議でイギリスと組み、不退転の決意で日本との海軍軍縮交渉をまとめ上げます。米英日がいがみ合っていてはソ連を利するだけだから、フランス・イタリアを切ってでも日本に「ウン」と言わせ、米英日の三国で交渉を妥結しなければならないと考えたのです。

これほど正気で有能な人なのに、アメリカの国益への貢献度はゼロ、世界の秩序への貢献度もゼロという、極端な評価をつけざるを得ません。ロンドン会議での功績が吹き飛ぶほど、彼の政治は失敗した。これこそ、今日に至る日米関係の根源です。

正気で有能なフーバーが結果責任を取れなかったことに、のちの様々な悲劇の根源があります。世界大恐慌に際し経済政策に失敗したことで、以後アメリカ国内の保守派が政治的影響力を失い、リベラル派に負けっぱなしになりました。フーバーが代表する保守派は親日派でもありました。それがアメリカ国内で負けたことで、日本国内の親米保守派も負けてしまい、以後、今に至るまで日米どちらの保守派も勝っていません。

対外政策では、米英日の三国が仲良くしてソ連に対抗することができればよかったのですが、容共・反日・親中のヘンリー・スティムソン国務長官を暴走させて日米関係の悪化をもたらし、イギリスとも対立しました。フーバーの失敗がその後の第二次世界大戦につながっていきました し、戦後の日米関係もいびつになります。

フーバーはロンドン会議ではイギリスと手を組む一方で、世界恐慌が起きると、一九三一年にフーバー・モラトリアム（仏英などの対米戦債支払いを一年間猶予する代わりにドイツから仏英などへの賠償金支払いも一年間猶予する措置）を行います。

フーバー・モラトリアムは、一般に、賠償金支払いを猶予することでドイツ経済を救済し、恐慌が世界に広がるのを防ごうとしたものだったと説明されます。第一次世界大戦後に債務国から債権国に転じたアメリカがドイツに援助し、ドイツが英仏に賠償金を払い、英仏がアメリカに借金を返済するという構図で戦間期の経済が保たれていたのが、大恐慌発生でアメリカからドイツに金が回らなくなり、ドイツ経済は大きな打撃を被りました。だから世界中が恐慌に陥らないよう、ドイツを救済しようとしたのだ、と。

しかしそれだけではなく、実はフーバー・モラトリアムは、イギリスの金融覇権潰しでもありました。よく見ると、仏独は返済を猶予されるのに、イギリスだけが借金返済を強いられる内容だったのです。

このフーバー・モラトリアムは遅きに失しており、世界はすでに恐慌に陥っていました。

一九三一年九月、イギリスは経済を立て直すために金解禁を停止します。

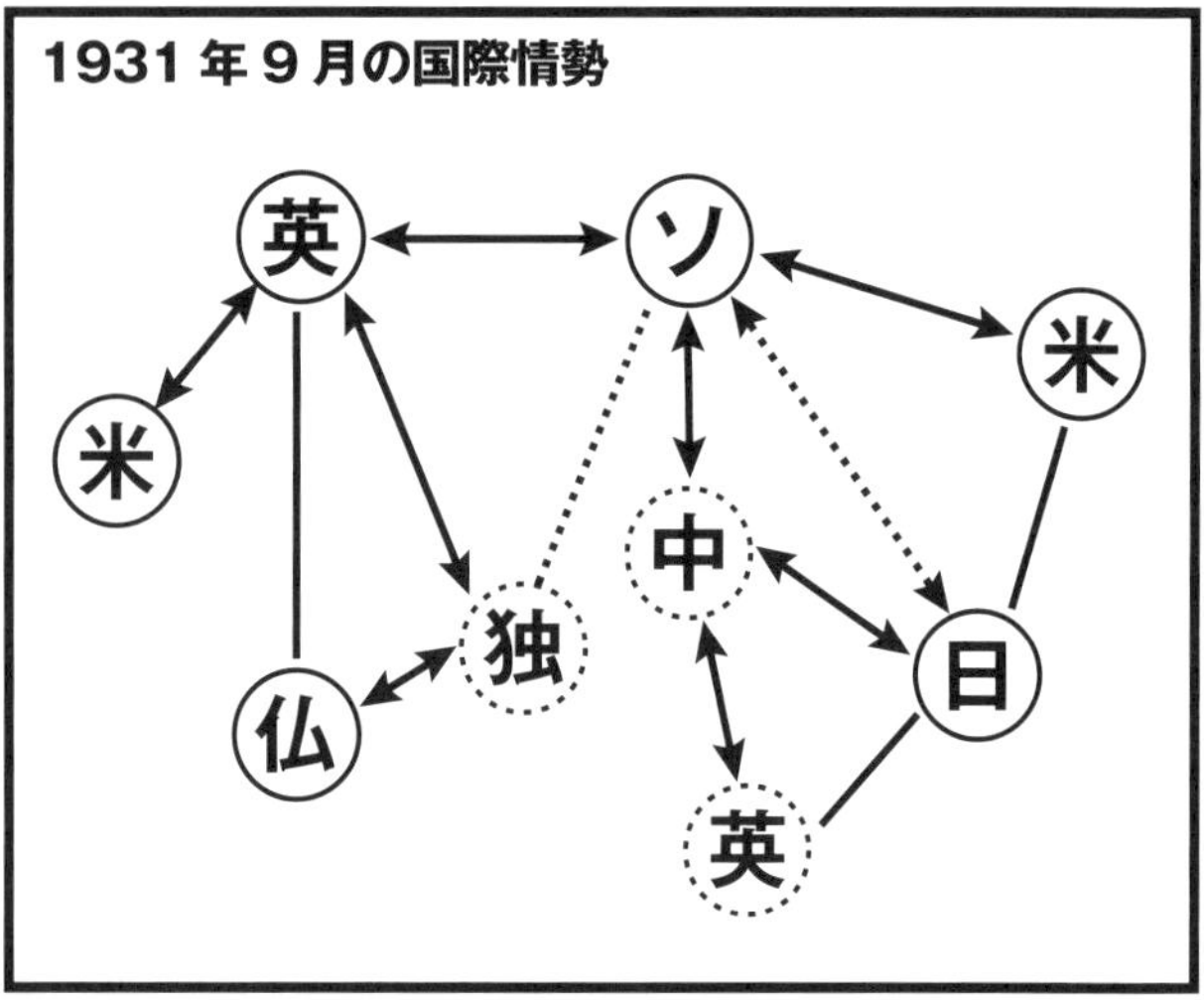

この時点での国際情勢を図で見てみましょう。
覇権国家になろうとするアメリカがいて、イギリスも老いたりとはいえ覇権国家です。フランスは名ばかりの大国、ドイツはまだ小国、ソ連が事実上大国として復活し、大日本帝国は滅びようがない大国です。
このころの日本は幣原外交で、ソ連、アメリカ、イギリスの三国とそこそこ友好を保っていました。日本が唯一もめているのは中国の蔣介石との間です。中国はソ連やイギリスとも揉めています。中国が中華ナショナリズムで噴き上がって周辺列強に次々とケンカを仕掛けたからです。いわば「中華ナショナリズムばば抜き」です。反英運動に遭ったイギリスは上海に艦砲射撃をくらわして一抜け、次に反ソ運動が起きるとスターリンは奉天軍閥の張学良を制裁し、二抜け、そして最後に標的となった日本は「満蒙問題の解決だ！」などと本気で満洲事変を起こしてしまいます。自らババを引きました。

満洲事変に対してイギリスのリットン卿が出した「リットン報告書」は日本に融和的な内容だったのに蹴飛ばしてしまい、世界中を敵に回しました。

月刊誌『正論』（産経新聞社）で連載しているマンガ「PROMETHEUSプロメテウス～君は支那事変を知っているか！」が二〇一六年五月号の回で、イギリス人スパイと日本人スパイの会話を描いています。イギリス人は「お前たち日本人ほど愚かな民族はいない。英国も日本も支那の執拗なテロに20年も耐えてきたが、今ではお前達だけが標的になってくれて英国《こっち》は助かってるぜ」と語ります。「お前達も満洲では少しミソをつけたな。正しい行いをしたにも関わらず宣伝下手が祟って世界の悪役。しかも大英帝国《ウチ》の妥協案をことごとく蹴りやがった。沈黙は金《きん》じゃない。静かにやった方がいいのは暗殺くらいなものさ」と。

これに火に油を注いだのがスティムソンです。「不承認宣言」などと言い出して、「日本が満洲で変更した事実はすべて認めない。「原状復帰せよ」と言い出したのです。これで日米関係が徹底的に悪化し、日米開戦直前までこの論点でもめ続けます。

フーバー自身は経済問題で頭がいっぱいで、太平洋の向こうのアジアのことなど関わっていられないというのが本音でしたが、スティムソンが勝手に日本を挑発していました。

当時の中国在住のアメリカ人はヨーロッパ人と一緒に日本に対して拍手喝采だったにもかかわらず、スティムソンの反日宣伝に負けていますし、ヨーロッパ情勢を見ると、ヒトラーの台頭で独ソのラパロ条約が切れかかっていました。英仏は運命共同体と化していて、フランスはイギリスがいないと何もできなくなっています。

イギリスとアメリカが相互に警戒感を持ち、イギリスは当然、ソ連に対して警戒感を持ち、アメリカも実はソ連に対して警戒感を持っていて、日英米ソのすべての国が孤立していました。

この状況にほくそ笑んでいたのは、ソ連のスターリンです。

フーバーはそれがわかっていたからこそ英日両国との妥協を模索していたのですが、世界恐慌と満洲事変（でのスティムソンの暴走）により吹っ飛びました。

世界は地獄の底へと叩き落とされていきます。

第32代
フランクリン・デラノ・ローズベルト

（1933〈昭和8〉年3月4日～1945〈昭和20〉年4月12日）民主党

①国益への貢献 1点 ☆

②世界秩序への貢献 -20点

③正気を保ったか -10点

第二次世界大戦は一応勝ったとはいっても、地球の半分をスターリンにくれてやった最悪の勝利です。アメリカ人にとって日本という本当の大国と戦って勝った戦争で、のちのベトナム戦争などに比べると文句なしに自尊心が満たされる出来事でしたが、アメリカの保守派であるフーバーの観点に立てば、そもそもやらなくてよかった戦争です。そういう意味で、国益への貢献は、第一次世界大戦に参戦したウィルソンと同じく一点とするのが妥当でしょう。世界の国益に反したことにかけては、同じくウィルソンに迫るマイナス二十点、正気度もウィルソンといい勝負でマイナス十点です。

ローズベルトは「みなさんの息子さんをひとりも戦場に送りません」という、まるで福島みずほのようなことを言って大統領になった人でした。その手前、自分から宣戦するわけにはいかないので、日本から先に手を出させるため、徹底的に日本を挑発しています。ローズベルト政権のホワイトハウスは〝レッドハウス〟かと言われるくらい、ソ連の工作員だらけでした。ソ連にとっては英米と日本が潰し合ってくれたのですから笑いが止まりません。アメリカは支那大陸の利権を得ようとして日本にケンカを仕掛けたはずだったのに、戦争が終わってみたら、ヨーロッパの東半分も支那も満洲も、すべてスターリンのものになっていました。

ウィルソンがやったことがひどすぎるのは先に述べたとおりですが、ローズベルトはそれをさらにやり直してくれたわけです。

この人のこともあちこちで書いたので、これくらいでいいでしょう。

第33代
ハリー・S・トルーマン

（1945〈昭和20〉年4月12日～1953〈昭和28〉年1月20日）民主党

①国益への貢献 2点 ☆☆

②世界秩序への貢献 2点 ☆☆

③正気を保ったか 3点 ☆☆☆

ローズベルトの後処理で苦労したのがこの人です。トルーマン・ドクトリンを出してソ連への牽制を図り、朝鮮戦争を戦いました。西側陣営を結集して戦ったものの、結果は負けに等しい引き分けです。ローズベルトがひどすぎたので、その尻拭いをまともにやり切るには至りませんでした。

当時の日本人にはトルーマンがどういう人なのかさっぱり実感がなく、むしろマッカーサーのことばかり見ていました。天皇陛下が現人神《あらひとがみ》で、マッカーサーは「神より偉いマッカーサー」と呼ばれていたのに、そのマッカーサーがトルーマンの一声でクビになったのですから、日本人にとってトルーマンは神格化された雲の上の存在のようなものでした。

サンフランシスコ講和条約でトルーマンと切り結んだ吉田茂は、独立を回復することが最重要課題だったので、一方的な安全保障条約を呑まざるを得ませんでした。

ローズベルトはドイツと日本を叩きのめすのに熱中するあまり、ソ連との同盟に深入りしすぎました。第二次大戦が終わったとき、アメリカ兵がソ連兵とエルベ川で抱き合っている写真をご覧になった方も多いと思います。そのとき、アメリカ人はソ連が敵だと思っていないのです。しかし、ほどなくしてアメリカ人はソ連こそが真の敵だと気づきます。

一九四六年、ソ連が東欧諸国を占領し衛星国化していく様子を英国前首相のチャーチルは「鉄のカーテン」と批判し、四七年にはトルーマンが「封じ込め政策」でソ連への敵愾心《てきがいしん》をむき出しにし、四八年にはベルリン封鎖でにらみ合い、四九年には西欧諸国を糾合してNATOを結成するも、アジアでは中華人民共和国が建国。アジアでのアメリカの戦争目的は中国利権の確保だったはずですが、アメリカが支援した蔣介石はあわれ台湾に追い落とされ、大陸はまるまるスターリンの手下の毛沢東のものとなりました。

そして一九五〇年からの朝鮮戦争では、毛沢東一人を相手に世界の半分を味方につけてようやく引き分けです。

トルーマンの評価は、こうした冷戦への対応がすべてでしょう。前任のローズベルトが無茶苦茶をやりすぎたので、その処理に追われたと言えますが、スターリンに負けっぱなしです。冷戦を闘う態勢を整えた人、くらいが妥当でしょう。

第34代 ドワイト・D・アイゼンハワー

（1953〈昭和28〉年1月20日～1961〈昭和36〉年1月20日）共和党

①国益への貢献 5点 ☆☆☆☆☆
②世界秩序への貢献 4.5点 ☆☆☆☆☆
③正気を保ったか 5点 ☆☆☆☆☆

アイクことアイゼンハワーは、朝鮮戦争を休戦に持ち込み、ジョン・フォスター・ダレスを国務長官に起用してソ連との冷戦を本格化させ、宇宙開発競争をし、台湾に梃入れします。一方、ソ連のフルシチョフと交渉して雪解けを試み、スエズ動乱でもソ連と組んで英仏の中東覇権を叩き潰しています。日米安保条約の改正もアイゼンハワー政権のときでした。まさに「強いアメリカ」を体現したことで、国益への貢献は五点とします。

副大統領がリチャード・ニクソンという極めて有能な人物だったことも特筆しておくべきでしょう。アイクは国民的人気こそあるものの軍人で、政治家としては素人ですから、実務はニクソンが担いました。

ニクソンはジョセフ・マッカーシー上院議員とともに赤狩りを行い、ソ連の工作員だったことが発覚したアルジャー・ヒス（フランクリン・ローズベルトの側近）を追及しています。

ニクソンは前の二十年間の民主党政権で共産主義者にいいようにやられたアメリカを建て直し、「ソ連と戦うアメリカ」にしたのです。それも完全ではないから、いまだに「強いアメリカ」とか言わねばならないのですが。

そんなニクソンに好きにやらせたアイクの正気度は五点でしょう。世界への貢献は、冷戦を率いたのはよかったもののマイナスがないわけではないので四・五点ということで、セオドア・ローズベルトと同点です。相対評価として妥当であると思います。これも五点にしてしまうとジョージ・ワシントンと並んでしまいますから、さすがにそれはおかしいでしょう。ワシントンは対外問題でマイナスがないですから。

なお、アイゼンハワー時代の日本の総理は岸信介でした。さすがに桂とテディほどではないにしても、アイクと岸の関係は悪くありません。アイクのほうは日本に対して今さらどうこうしようという気はなく、岸の安保改正を受け入れました。

岸の安保改正で重要なのは、在日米軍が近い将来撤退することを前提としていたことです。旧条約と新条約の違いは、旧条約ではアメリカが日本を守るという一点のみの条約だったのに対して、新条約では、アメリカが日本を守る代わりに日本が米軍基地を守るようになったことです。一方的に守るだけという関係は、実は支配です。新条約で日本が能力相応の負担をすることにより、対等に近づくことになりました。

第35代
ジョン・F・ケネディ

（1961〈昭和36〉年1月20日～1963〈昭和38〉年11月22日）民主党

①国益への貢献　4点　☆☆☆☆

②世界秩序への貢献　3点　☆☆☆

③正気を保ったか　1点　☆

アイゼンハワーへの高評価と比べてずいぶんじゃないかと思われた読者もいらっしゃるかもしれませんが、これでもかなりおまけしています。

まず国益ですが、色々と手はつけていて内政では評価されています。一応私は公民権運動への取り組みによる黒人解放を評価するので四点ですが、アメリカの保守派の中には、ケネディ時代以降にアメリカの移民問題が悪化して伝統と国益を損ねたとする意見もかなりあるようです。

世界の秩序への貢献に関しては、ソ連によるベルリン封鎖に対して駐留軍を増派して張り合い、負けなかったことは評価できます。逆にまったく評価できないのが一九六二年のキューバ危機です。アメリカがキューバでやりたい放題しすぎた挙句に革命が起こり、ケネディはピッグス湾上陸作戦（一九六一年）を命じてカストロ政権の転覆を図ったものの無残に失敗します。結果、カストロ政権はソ連との関係を深めることになりました。その後キューバにソ連の核ミサイルが持ち込まれていることが発覚し、米ソのにらみ合いになったのがキューバ危機ですから、自分で起こした火事を自分で消しただけのことです。アメリカ側はキューバの核ミサイルを撤去させる代わりにトルコの核ミサイルを撤去させられているのですから、何の褒めた話でもありません。

ベトナム戦争にもケネディ時代からずるずると足を踏み入れかかっています。ひと言で言えば、アイゼンハワーがやったことをぶち壊していったのがケネディ政権でした。

日米関係で言うと、ケネディと池田勇人総理の関係は、民主党政権にしては決して悪くありませんでした。何より、池田勇人の外交感覚が卓越していて、キューバ危機のとき即座に支援しています。ちなみにこのとき、フランスのド・ゴールは普段アメリカの悪口を言いまくっていながら、イギリスよりも早く支援を表明しました。いざというとき味方につくからこそ、普段平気でケンカできるものです。本当の同盟関係は、いざというときに、どちらにつくかに現れます。

第36代
リンドン・B・ジョンソン

（1963（昭和38）年11月22日～1969〈昭和44〉年1月20日）民主党

①国益への貢献 4点 ☆☆☆☆
②世界秩序への貢献 2点 ☆☆
③正気を保ったか 2点 ☆☆

かつて昭和の日本には「暗愚の帝王」と呼ばれた鈴木善幸という政治家がいました。二〇〇九年の総選挙に敗北して自民党を下野させ、本書執筆現在は財務大臣として朝に晩に消費税増税を唱える麻生太郎氏の岳父にあたります。鈴木善幸は、田中角栄が「俺に対する忠誠心を示して媚びへつらえば、どんなバカでも無能でも総理大臣の椅子に座らせてやる」と、自分の権力を誇示するために総理大臣の座につけた人物です。そして、リンドン・B・ジョンソンこそ「アメリカの鈴木善幸」というべき政治家でした。

要するに、ただの議会屋です。国民的人気はあるものの、政治家間の人気はいま一つだったケネディが副大統領に据えたのがジョンソンです。ケネディが暗殺されたので、昇格しただけです。

某映画で暗殺の黒幕にされていましたが、どうなのでしょう。二〇三九年に調査結果が報告されるので、それまで結論は言いませんが。

ジョンソンは内政的には、黒人に公民権を認めるというケネディの方針を実行して公民権法を制定し（一九六四年）、黒人を人間扱いさせました。日本に遅れること四十年でやっとアメリカが民主主義国家になったことを祝して四点を贈呈します。

世界秩序に関してはベトナム戦争がどんどん泥沼化しているので二点、人格的にアメリカの鈴木善幸ということで正気度も二点です。

日本は池田勇人から佐藤栄作に代わり、タカ派を装ったハト派、親米を装った親中に、徐々に舵を切っていきます。

第37代 リチャード・ニクソン

（1969〈昭和44〉年1月20日～1974〈昭和49〉年8月9日）共和党

①国益への貢献 4点 ☆☆☆☆

②世界秩序への貢献 4点 ☆☆☆☆

③正気を保ったか 4点 ☆☆☆☆

リチャード・ニクソンはアイゼンハワーの副大統領だっただけあって、民主党政権が重ねてきた無茶苦茶を正常に戻すことに腐心しました。金本位制を完全に終わらせてアメリカ経済を強くし、ベトナム戦争の泥沼からも撤退する道をつけます。

国際秩序に関しては、中国とソ連が仲違いした機を捉えて訪中しました。米中が接近することで中ソ間に楔《くさび》を打ち込み、ソ連を孤立に追い込んでいきます。とはいうものの、日本の保守派から極悪人呼ばわりされる竹中平蔵《たけなかへいぞう》の千倍ぐらい極悪人のキッシンジャーを使ったことだけは褒められませんが。

人格的には真人間ですから五点と行きたいところですが、ウォーターゲート事件でミソをつけて任期中に辞任した唯一の大統領ですから四点にしておきます。

ところで、ニクソン政権のときの日本の総理大臣は佐藤栄作でした。ニクソンが中国と組むことに踏み切ったのは、佐藤政権がどんどん日本の国防を弱体化させ、一緒に中国の台頭を抑えようと話を持ちかけてもまったく埒が明かなかったからだ、という分析があります。

岸・池田政権が憲法九条を骨抜きにして国防を強化する憲法解釈を重ねていたのを、佐藤内閣が逆転させ、防衛政策をがんじがらめに縛っていったという事実が一方にあります。高辻正巳《たかつじまさみ》という人物を内閣法制局長官に据えて、条文を文字通りに解釈し、あれもこれも憲法違反だから認めないというふうにしていったのです。憲法違反だといって、戦闘機に爆弾計算機をつけることも認めませんでした。また、佐藤は核武装を唱えつつ通常戦力を削り、防衛力を弱体化させました。佐藤栄作本人の周りには〝Sオペ〟と呼ばれる左がかったブレーンがひしめいていました（この辺りは、樋口恒晴《ひぐちつねはる》氏の『「平和」という病』（ビジネス社、二〇一四年）をご覧ください）。

一方で、ニクソン政権時代に沖縄が返還されたのは、実はベトナム戦争に旧日本軍の軍人が参加して、ベトナムやタイやラオスの情報収集と分析を行い、一緒に戦っていたからだという秘話があります。戦争で奪った沖縄をアメリカが返してくれたのは、旧軍の軍人たちの活動を評価したからであって、繊維交渉でアメリカに譲歩した見返りで「糸を売って縄を買った」という説は大嘘だということです（こちらは江崎道朗氏との共著『国士鼎談』青林堂、二〇一六年をご参照下さい）。

しかし他方、ベトナム戦争における旧軍人の活動を黙認する程度には佐藤は正気だった、とも言えるわけです。福田赳夫大蔵大臣がインドネシアの動乱に機密費を出して支援していたという話もあります。

一部の保守勢力はともかく、佐藤内閣がその体たらくなので、ニクソンは日本を素通りして中国との連携に踏み切らざるを得ませんでした。これほど有能でありながら、これほど日本の国益に反した大統領は、今のところニクソンをおいてほかにいません。佐藤に代わる実力者が不在で長期政権が続いてしまったことが残念です。

佐藤政権をどう評価するかは今後の課題ですが、大まかには、物質的なことは右で、理念的なことは左だったと言えます。池田内閣までの蓄積を破壊しつつ、目の前のことだけやる。一〇〇パーセントの反米だったという単純な話ではなく、一応は佐藤にも自分がアメリカ幕府の外様大名だという自覚はありました。佐藤の対外政策は複雑すぎるので割愛しますが、次の人は単細胞的に明快です。

佐藤の次の日本の総理大臣は田中角栄でした。日本はニクソン訪中でアメリカに先を越されたものの、田中角栄が中国側の言い分を全部飲んで、アメリカより早く日中交渉を進展させます。アメリカは田中の反米ナショナリズムを警戒していました。田中は条約を結んで友好することが自己目的化しており、すべて譲歩してしまっているので、外交として成立していませんでした。せっかく真人間で外交戦略のあるニクソンが相手でも、日本の首相がこれでは日米関係がよくなりようがありません。

田中角栄は自己認識ではナショナリストであり、愛国者なのですが、アメリカに戦争で負けた悔しさと、支那大陸で上官にいじめられた経験による反軍・親中意識を根強く持っていました。田中の対中交渉は、国益がどうなろうと、何でもいいから条約を結んできたら勝ちと思い込んでいる時点で、戦後の悪しき霞が関外交の典型です。

この田中のどうしようもないナイーブさと、会議をぶち壊すことが目的のようなアラブ人の外交とを比べて考えてほしいのです。外交の定跡では、アラブ人のほうがまともなのです。交渉が上手く行くということは、何かこちら側が国益で譲歩しているということなのですから、何でもいいから交渉妥結さえすればいいのだったら、国益を譲歩し放題になってしまいます。

ＴＰＰの報道にもこういうナイーブさがあふれていて、交渉が妥結したら成功というのが前提になっているかのようです。私は、ＴＰＰ自体はまったくどうでもいいのですが、妥結イコール成功という議論はあまりにも危うい。その危うさのほうがよほど心配です。

第38代

ジェラルド・R・フォード

（1974〈昭和49〉年8月9日～1977〈昭和52〉年1月20日）共和党

①**国益への貢献** 3点 ☆☆☆

②**世界秩序への貢献** 5点 ☆☆☆☆☆

③**正気を保ったか** 10点 ☆☆☆☆☆☆☆☆☆☆

フォードはアメリカ史上唯一の選挙を経ていない大統領です。最初、選挙で選ばれた先任の副大統領が辞任したので、指名によって副大統領になり、そのあとニクソンが辞めたので大統領職を継ぎました。もうこれだけで、正気度のポイントはジョージ・ワシントンの二倍の十点を進呈します。

昭和天皇と会見したときは、緊張のあまり、右手と右足が同時に出ていました。ご本人の回顧によれば、足がガクガク震えて何も喋れなかったのだそうです。なんという真人間なのでしょう。フォードの命令では大学生が飛行機に爆弾を積んで敵艦に体当たりなどしませんから、昭和天皇の威厳に打たれてしまうのは当然かもしれませんが、この真人間、この人格者ぶりには十点を上げるしかありません。

内政的には三点、世界秩序へはワシントンと同じで迷惑をかけていないので五点です。

残念だったのは、フォード大統領当時の日本の総理大臣が三木武夫だったことです。

三木は（不幸なことに）森喜朗政権までの約四半世紀の間で最も親米の政権なのですが、なぜそうなったかというと、筋金入りのチャランポランのせいなのです。「北朝鮮は地上の楽園だ」

という宇都宮徳馬《うつのみやとくま》を泳がせながら小坂善太郎《こさかぜんたろう》外相を通して韓国の核武装を支持し、「日中友好をやらないと総裁選で支持しないぞ」と田中角栄を脅かしながら「台湾を見捨てるな」としつこく繰り返して中国に嫌われ、「日米安保だけではダメだ、ソ連とも仲良くしよう」と言いながら「中国をいじめるな」と迫ってソ連に嫌われ、気がついたら、親米・親台・親韓になっていた、というのが実態です。そして三木以後、小泉純一郎までは（不幸なことに）、これ以上の親米政権は現れませんでした。本当に不幸です。

第一回ランブイエ・サミット（一九七五年）に出席した三木は、「俺の力でベルサイユ会議以来、日本が大国に復帰できた」と吹聴し、しかも、「ジスカール・デスタン大統領を説得してサミットを開かせたのは俺だ」と、終生、夫婦ともに自慢しています。

三木はロッキード事件で前任者の田中角栄元総理を検察に逮捕させるという、情けも涙もかけらもない行動に出て、自民党内のほとんど全部を敵に回しました。三木の周りには親米派が集まっていたのですが、三木は党内反対派を蹴散らして解散を強行することができず、解散の代わりに妥協案として行った内閣改造人事でも、肝心の幹事長人事で負けてしまいます。その日、昭和五一年九月十五日をもって、日本の親米派は以後三十年逼塞し続けることになります。

第39代 ジミー・カーター

（1977〈昭和52〉年1月20日～1981〈昭和56〉年1月20日）民主党

①国益への貢献 1点 ☆

②世界秩序への貢献 -5点 ☠☠☠☠☠

③正気を保ったか 1点 ☆

三木なんてどうでもいいですが、それよりマシな首相が小泉純一郎まで一人も現れなかったのですから、やはり不幸です。

アメリカの方でも、思わず正気度十点をつけてしまったフォードが大統領選挙で敗れてしまいました。アメリカの選挙がどんなものかは二章で散々述べましたが、悲しいことです。そして勝ってしまったのがジミー・カーターです。

カーターは、それまではほぼ無名だったことがかえって幸いして、棚ボタのように大統領に当選してしまいました。ウォーターゲート事件での政治不信がひどかったので、それまで無名だったことが新鮮さと勘違いされたのです。内政ではホワイトハウスと議会の無用な対立と軋轢を起こしてかなりの混乱をもたらしたので一点、人格的にも一点ですが、大丈夫です。まだ下にウィルソンとフランクリン・ローズベルトがいます。

世界秩序に対しては、いきなり在韓米軍を引き上げ、パナマ運河も手放すと言い出したほど安全保障オンチで大迷惑をもたらしたのでマイナス五点です。ついでに言うと、大統領就任前から、ユーゴスラビアのチトーを守らないとか言い出して、緊張させています。朝鮮半島とバルカン半島は世界の火薬庫です。何がしたかったのでしょうか。

カーター時代の日本の首相は福田赳夫と大平正芳の親中政権でした。カーターもグダグダなので、日米関係について語るべきことは何もありません。

第40代
ロナルド・レーガン

（1981〈昭和56〉年1月20日～1989（平成元）年1月20日）共和党

①国益への貢献　3点　☆☆☆

②世界秩序への貢献　10点　☆☆☆☆☆☆☆☆☆☆

③正気を保ったか　5点　☆☆☆☆☆

レーガンの内政は、ソ連を潰すために犠牲にしたところもあって、あまり上手くありませんので三点です。

このころはちょうど公民権運動から二十年経って、文化がなくなっていく時代でした。アメリカ映画などで、よく、八〇年代はアメリカの価値観の転向の時期だったと言われるのもそのことです。差別というのは文化の裏返しなので、「差別」はダメだと言ってあらゆる「区別」をなくしてしまうと、文化がなくなってしまうのです。ポリティカル・コレクトネスという言論規制が跳梁跋扈する状況が、部分的には日本よりはるかにひどくなるのもこのころからです。レーガンは古き良きアメリカ的価値観の復活をさせようという意図はあったものの、実際に復活させるところまでは行かれませんでした。

事実上、レーガンがソ連を潰す路線を引いているので、世界の秩序への貢献は十点、正気度は五点です。

レーガン政権時代の日本の首相は、残念なことに最初が鈴木善幸、次が中曽根康弘でした。鈴木善幸はいきなり「日米同盟は軍事同盟ではない」と言い出したほど、常識というものを持ち合わせない「暗愚の帝王」ですから論外です。

中曽根は鈴木よりはマシですが、最大限親米派を装った親ソ政権でした。ソ連のスパイだった疑いが濃厚な瀬島龍三《せじまりゅうぞう》と根っからの反軍主義の後藤田正晴《ごとうだまさはる》を重用し、田中角栄に支配されていたのですから、親米のわけがありません。その一方で、外交では親米派の安倍晋太郎外務大臣を死ぬほどこき使い、国際政治でも風見鶏を決め込んでいます。

中曽根長期政権が続いた背景には、日本をつなぎ留めておかなければダメだという意思が、西側陣営の首脳たちにあったからでしょう。

第41代 ジョージ・H・W・ブッシュ

（1989〈平成元〉年1月20日～1993〈平成5〉年1月20日）共和党

①国益への貢献 2点 ☆☆

②世界秩序への貢献 4点 ☆☆☆☆

③正気を保ったか 8点 ☆☆☆☆☆☆☆☆

パパ・ブッシュの内政は経済がダメだったので二点です。一期目の終わりに、まさにそこをビル・クリントンにつけこまれることになります。

ソ連崩壊への序章であるマルタ会談をやったのがブッシュですから、世界への貢献は四点でいいと思います。マルタ会談からソ連崩壊まで、事実上、ブッシュ一代の間に達成してしまいました。

日本人は一九八九年の東欧自由化によるマルタ会談を冷戦の終結と考えますが、何を平和ボケしているのでしょう。ブッシュはマルタ会談以降が本番と思い、必死でソ連を潰しに行きます。本気で潰しに行っているから「冷戦」だの「あいつは仮想敵」だのと声高に叫べなくなっているのが、マルタ会談からの二年間なのです。

そんな最中に現れたお調子者がイラクのサダム・フセインで、欧米は大目に見てくれるだろうという甘い見通しの下、クウェートに侵攻してしまいました。ここでブッシュが極めて正気だった証拠に、彼はクウェートを解放しただけでさっさと引き上げ、サダム・フセインを殺すことなく限定戦争にとどめています。目的を達成したらさっさと切り上げるなど、アメリカ人には珍しい正気度です。ですから正気度は五点段階評価で八点なのですが、まさにそれが理由で大統領選に負けてしまいました。

アメリカ人は限定戦争が理解できず、征服戦争で相手を潰さないかぎり気が済みません。あの正気のテディ・ローズベルトでさえ、キューバを飲み込み、ハワイを飲み込み、フィリピンを飲み込まなければならなかったほどです。そうしないと国民が納得しないのです。ブッシュがサダム・フセインを殺さないかぎり、勝った気になれないわけです。

だからのちにブッシュ二代目がイラク戦争を始めたとき、サダム打倒以外の選択肢がありませんでした。イラク戦争をやらないか、サダム政権を打倒して処刑するかの二択しか残されていなかった。ひとたびイラク戦争を始めたからには、ブッシュ二代目が取るべき道はひとつだけでした。

初代ブッシュ時代の日本の政権は竹下、宇野、海部、宮澤で、実質すべて竹下登の影響下です。竹下は外交にまったく興味がなく、アメリカのご機嫌を損じない程度に上手く親中をやりつづけていました。

冷戦が終結に向かい始めるのが竹下のときで、竹下は「ああ、そうなんですか」とばかりに、これまでまともな軍事貢献をしていなかったのを、さらにしなくなっていきます。ただ、竹下が現職総理のときまでの日米関係はそれほど悪くありません。冷戦終結に向けて英米仏が戦っているのだから、日独はその矢銭を出せというプラザ合意（一九八五年）のときに、大蔵大臣として協力したのが竹下だったからです。

この時期の竹下は大蔵大臣として力を蓄えつつ、盟友の金丸信幹事長と手を組み、田中角栄の田中派を乗っ取ることしか頭にありません。日本経済も対米関係も、そのおまけにすぎませんでした。

竹下の外交への無関心は、首相時代、闇将軍時代と一貫していました。

第42代
ビル・クリントン

（1993〈平成5〉年1月20日～2001〈平成13〉年1月20日）民主党

①国益への貢献　4点　☆☆☆☆

②世界秩序への貢献　-10点

③正気を保ったか　-5点

内政では経済を回復させたので、国益への貢献は四点です。世界秩序への貢献は、カーターより酷いのでマイナス十点でどうでしょう。ウィルソンがマイナス三十点、フランクリン・ローズベルトがマイナス二十点、クリントンがマイナス十点、カーターがマイナス五点と並べてみると、なかなか妥当なのではないでしょうか。

人格について言うと、カーターやJFKより下です。ボスニアを空爆するときに、研修生の女性にXXをXxXらせながら爆撃命令を出したというのですから、まあ、病気です（あまりに品がないので一部伏せ字にしておきます）。しかもそのあとの言い訳がひどい。大統領選でマリファナを吸ったという疑惑をかけられたとき「ふかしただけで吸い込んでいない」と言ったのとまったく同じロジック（?）で、「XｘXらせはしたけれど本番行為には及んでいない」と弁解しています。「お前は喫煙を見つけられた田舎の中学生か?!」と言いたくなります。

このころの日本は竹下闇将軍時代で、親中政権が続きました。しかし、クリントン自身が親中でジャパン・パッシングの人ですから何の問題にもなりません。任期の最後に近くなると、さすがのクリントンもこのままではまずいと気づいたようですが。そのときの経緯について、詳しくは小著『自民党の正体』（ＰＨＰ研究所、二〇一五年）をぜひどうぞ。

クリントン政権の末期に日本で親米派が巻き返しを始めるという流れがあって、ブッシュ二代目になった瞬間、日本では小泉が勝っています。

こうしたことから、「ヒラリーは旦那の政権末期には中国と切れた」「オバマの国務長官としては親日だった」と考える人がいますが、どうなのでしょう。

ヒラリーは、中国とズブズブのウォール街の回し者という評価を、どう考えるかです。

この人のことは『嘘だらけの日米近現代史』で詳しく書いておきました。

第43代 ジョージ・W・ブッシュ

〈2001〈平成13〉年1月20日～2009〈平成21〉年1月20日〉共和党

①国益への貢献 1点 ☆

②世界秩序への貢献 2点 ☆☆

③正気を保ったか 4点 ☆☆☆☆

おバカの代名詞、「アメリカ史上最低の大統領」と評価されることも多く、「ブッシュ」の名前だけで落選するというほどの嫌われものです。今回の大統領選挙でも、ウォーカーの弟のジェブは早くから候補に挙がりながら、あっというまに敗北宣言をしてしまいました。

アメリカでも日本でも、マイケル・ムーアの『アホでマヌケなアメリカ白人』（柏書房、二〇〇二年）が大ヒットして、ブッシュはさんざん「バカだ、バカだ」と叩かれました。確かに「ホワイトハウスってどんなところですか」と質問した小学生に「白いよ」と答えるのはどうかと思いますが、では、そういうことを言ってブッシュをバカにしまくる人がクリントンの人格についてどれだけ批判したのでしょうか。執務室で女性にXXをXxXらせる人格異常者と比べたら、ブッシュのほうがはるかに真人間です。

ずいぶんと嫌われたものですが、相対評価をしなければ見えてこないものもあります。

クリントンがさんざん儲けすぎたあと、アメリカは不況に突入しました。内政では大して何もできなかったので一点です。ハーディング、クーリッジの二点と較べてこんなところだと思います。世界の秩序はクリントンの尻拭いですから、状況としてはトルーマンと一緒です。従って、二点。人格的には結構いいやつなので四点です。

イラク戦争はアメリカにとって愚かな政策だったのは事実です。しかし、では、ネオコンがあそこまでやりたい放題やっている状況で、ブッシュ以外の人が大統領だったら止められたのでしょうか。

アメリカが地上軍を動員したとき、よりによってこの四個師団を送るのかというくらい、精鋭揃いの師団を選んでいます。つまりは、「俺は一応やらなきゃいけないから本気で行くぞ。嫌なら引け」ということなのです。ところがサダムは、さっさと土下座すればいいものを引かなかったので、もう行くところまで行ってしまいました。

そこへ行くと、さすがにアラファトは反射神経が違います。九・一一テロのとき、いきなりカメラの前で「俺はアルカイダとは無関係だ」と言って献血を始めたのですから大したものです。

サダムはそれまでの間に散々アメリカを挑発していました。パパ・ブッシュが二期目の大統領選に落ちたときには、「神の裁きだ」などと言いながら湾岸戦争戦勝記念碑を建てたほどです。いつからアラーがアメリカ大統領選挙を左右するようになったのか知りませんが。

サダム・フセインにとって、九・一一のあと、チマチマ譲歩して駆け引きしていられる状況ではありませんでした。人間の前でお腹をベローンと晒して仰向けに寝転ぶ犬のように、徹底したパフォーマンスで恭順の意をこれでもかと表して見せるほかなかったのです。

イラク戦争はいまだに泥沼化していますが、米国とイラクの双方にとって不幸だったと言えるでしょう。

ブッシュの貢献度評価に話を戻します。ブッシュが直面した九・一一テロというのが、そもそもクリントンによるアフガニスタンとスーダンとケニアに対するデタラメな対応の尻拭いでした。

アフガニスタンとスーダンというのは、一九九八年に、アメリカ大使館爆破事件への報復と称して、アフガニスタンとスーダンをミサイル攻撃した事件です。攻撃されたのは、スーダンの医薬品の五割以上を供給していた製薬工場でした。ケニアというのは、同じく一九九八年に、在ケニア大使による警備強化要請を無視しているうちにアメリカ大使館が爆破された事件です。

報復の連鎖は、クリントンが原因です。反対派のブッシュ二世からしたら、たまったものではありません。

こうしたブッシュ二世に対して、時の首相小泉純一郎は、〝アメリカ幕府の外様大名〟として筋を通した振る舞い方をしました。特に、九・一一という非常時に、いち早く支持を表明したことは重要です。これがあったから、アメリカは拉致問題で小泉首相を全面的にバックアップしたのです。ひと言で言えば、佐藤栄作以降の歴代内閣で、小泉純一郎だけがちゃんとまじめにアメリカの属国をやっていたということです。よく、今の日本は情けない、アメリカの属国にすぎないという議論がありますが、実は属国すらちゃんとやっていなかったのが実態なのです。

ブッシュが強いうちは小泉の権力が保たれていて、日米関係は良好でした。ところが、二〇〇三年からイラク戦争が始まり、二〇〇六年になるとブッシュは中間選挙で敗北します。ちょうど小泉から安倍晋三に内閣が代わったころです。ブッシュがレームダックしたために、安倍内閣を応援できなくなって、以後、日本の政局は迷走していきます。

第44代
バラク・フセイン・オバマ

(2009〈平成21〉年1月20日～現職)
民主党

①国益への貢献 1点 ☆

②世界秩序への貢献 1点 ☆

③正気を保ったか 3点 ☆☆☆

オバマは外交にも内政にも興味がなく、ゴルフしかやっていないので、国益への貢献は一点です。世界の秩序に対しては、「何もやっていない」という点でワシントンと一緒なのですが、ワシントンのときとはアメリカという国の立場が違いすぎるので一点。正気を保っているかは難しいところですが、良いこともしないかわりに悪いこともしなかったハーディング、クーリッジと一緒で三点です。オバマよりは、ブッシュ二世のほうがまじめに政治をやっていたと私は思います。

オバマ大統領は何もしないが故に、歴代民主党政権の中で最も反日度が少ない大統領です。ところが、このせっかくのチャンスの時期に、日本でも民主党政権に交代していて、鳩山・菅・野田の三代で、オバマの一期目をムダにしました。その前にもう一人、民主党の三人に劣るとも優らない麻生太郎氏がいたことも特筆大書しておきます。オバマの二期目と重なった第二次安倍内閣は、最初の半年は頑張りましたが、二〇一三年十月一日、ついに消費税率五％から八％への増税を決めてしまいます。そこからは迷走に迷走を重ねています。

二〇一四年は、当然の如く景気が悪化する中、さらに消費税を一〇％にあげるかどうかで揉め続け、全野党が増税延期に賛成する中、安倍首相は「増税延期の信を問う」などと解散総選挙を断行しました。主要政党の議席はほとんど変わりません。別に解散しなくても増税なんて止められたのに、何がしたかったのでしょうか。

翌一五年は「これまで内閣法制局の憲法解釈で一貫して禁止されてきた集団的自衛権の行使を限定的に可能にする安保関連法案」に賛成か反対かで、揉め続けました。

国会前では十数万人とも言われるデモ隊が連日のように押し寄せ、「戦争法案反対」「アベ政治を許すな」と絶叫していました。

私はバカバカしいので議論に参加せず、賛成派も反対派も突き放しました。なぜならば、集団的自衛権などとっくに行使しているのです。在日米軍に基地を提供するなど集団的自衛権の行使そのものです。敗戦後日本は、一貫して集団的自衛権を行使しているのです。それを、何をいまさら「これから行使するぞ」「いや、させるか」なのでしょうか。そもそも、「これまで内閣法制局の憲法解釈で一貫して禁止されてきた」というのが大嘘なのですから、その大前提を突かない限り何の意味もない議論なのです。詳しくは、『倉山満の憲法九条　政府も学者もぶった斬り』（ハート出版、二〇一五年）をご参照ください。

では、その「戦争法」なるものが通ってどうなったか。

アメリカは、南シナ海で周辺の小国への威嚇を繰り返す中国を牽制すべく、「航行の自由作戦」を断行しました。ところが、日本は参加していません。

事業計画だけ作って、実行していないのです。安保法の実行を可能にする予算をまったく計上していないのですから、当たり前です。

いったい、安倍晋三と言う人は、二〇一三年十月一日以降、何をしていたのでしょうか。

世界は動乱を続けています。

朝鮮半島は相変わらず、中国も危険な兆候だらけ、アフガン・イラク両戦争後もテロは頻発、中東では軒並み無政府状態、ロシアはクリミア半島をかっさらっているのにヨーロッパは無力。

わが国のような小国の宰相閣下はともかく、オバマは八年間ゴルフ三昧。

いったい世界はどうなるのでしょうか。


そう思ったあなたが、世界を変えてください。そのために歴史を学んでください。

私ができることはみなさんに、己が信じる真実と歴史を伝えることだけです。

主要なアメリカ合衆国大統領　合計スコアランキング

（括弧内は何代目かを表す。同点の場合は先任順）

第1位	ジェラルド・R・フォード（38）	18点	☆☆☆☆☆☆☆☆☆☆☆☆☆☆☆☆☆☆
第2位	ロナルド・レーガン（40）	18点	☆☆☆☆☆☆☆☆☆☆☆☆☆☆☆☆☆☆
第3位	ジョージ・ワシントン（1）	15点	☆☆☆☆☆☆☆☆☆☆☆☆☆☆☆
第4位	セオドア・ローズベルト（26）	14.5点	☆☆☆☆☆☆☆☆☆☆☆☆☆☆
第5位	ドワイト・D・アイゼンハワー（34）	14.5点	☆☆☆☆☆☆☆☆☆☆☆☆☆☆
第6位	ジョージ・ブッシュ（41）	14点	☆☆☆☆☆☆☆☆☆☆☆☆☆☆
第7位	リチャード・ニクソン（37）	12点	☆☆☆☆☆☆☆☆☆☆☆☆
第8位	ウィリアム・タフト（27）	10点	☆☆☆☆☆☆☆☆☆☆
第9位	ジェームズ・ポーク（11）	9点	☆☆☆☆☆☆☆☆☆
第10位	ミラード・フィルモア（13）	9点	☆☆☆☆☆☆☆☆☆
第11位	エイブラハム・リンカーン（16）	9点	☆☆☆☆☆☆☆☆☆
第12位	ジョン・F・ケネディ（35）	8点	☆☆☆☆☆☆☆☆
第13位	リンドン・B・ジョンソン（36）	8点	☆☆☆☆☆☆☆☆
第14位	ハリー・S・トルーマン（33）	7点	☆☆☆☆☆☆☆
第15位	ジョージ・W・ブッシュ（43）	7点	☆☆☆☆☆☆☆
第16位	カルヴィン・クーリッジ（30）	6点	☆☆☆☆☆☆
第17位	ハーバート・フーバー（31）	5点	☆☆☆☆☆
第18位	バラク・フセイン・オバマ（44）	5点	☆☆☆☆☆
第19位	アンドリュー・ジャクソン（7）	4点	☆☆☆☆
第20位	ジミー・カーター（39）	−3点	☠☠☠
第21位	ウォレン・ハーディング（29）	−5点	☠☠☠☠☠
第22位	ビル・クリントン（42）	−11点	☠☠☠☠☠☠☠☠☠☠☠
第23位	フランクリン・デラノ・ローズベルト（32）	−29点	☠☠☠☠☠☠☠☠☠☠☠☠☠☠☠☠☠☠☠☠☠☠☠☠☠☠☠☠☠
第24位	ウッドロー・ウィルソン（28）	−44点	☠☠

おわりに〜トランプに備えよ〜

アメリカよ、お前たちは間違っている。存在そのものが間違っている。生まれたときから間違っている。何もかもが間違っている。

一人くらい、それくらいのことを言う人がいてもいいと思うのだが、そんなことを言うのは他にあまり見当たらない。別にみんなで口に出す必要はないが、敗戦国が戦勝国と仲良くしたければ、それくらいのことを思っていなければ、友好でなく従属ではないか。

昭和初期の満洲事変以降、我が国は対外政策を失敗し破滅への道へと転がり落ちていく。その理由の最たるものが、正論が通らない社会になっていったことであることは、多くの著書でこれでもかと強調してきた。

一方、アメリカでも保守勢力が発言力をなくしていたことは、あまり知られていない。私も本書で初めて強調した。当時のハーバート・フーバー大統領が個人の資質としては極めて聡明で政治家としても有能であったにもかかわらず、世界大恐慌への対処ですべての信用をなくしてしまった。結果、共産主義者と見まごうようなフランクリン・ローズベルトによる長期政権の下で、日米は戦争に至る。これは日本だけでなく、アメリカにとっても敗戦であった。

アメリカも敗戦国である。共産主義者に対して。こうした指摘をする保守勢力の声はかき消されてきた。共和党であれ、民主党であれ、二つの世界大戦によって獲得した世界の覇権国家という地位を否定させまいとして振る舞った。しかし、現実はどうであったか。世界中の恨みを買って、人命と血税を浪費しただけではないか。いったい、何のためにアメリカは「世界の警察官」気取りをしなければならないのか。

フランクリン・ローズベルト以降のアメリカ合衆国を見るにつけ、バカではないかと思う。しかし、そんな国に持ち物にされて安逸を貪っている日本は、もっとバカではないかと思う。

そんなアメリカにドナルド・トランプが登場した。「日本は自分の国は自分で守れ。いっそ核武装をしてもいい。しかし、それができないのなら、経費を半額ではなく全額払え」と言ってきた。

日本を占領したトルーマン以来の歴代アメリカ大統領は、民主党はもちろん、共和党も、日本の自主独立を決して許さなかった。いかなる親日政権も、「もっと真面目に番犬として働け」と要求してきたにすぎない。

ところがトランプは「もう過去のことを全部抜きにして、友達になろうぜ！」と言ってきたのだ。もちろん、トランプの声に応えようとしたら茨の道である。最低限の負担として防衛費ＧＤＰ二％以上、つまり五兆円の増額である。消費税増税阻止ごときで財務省とイイ勝負を続けている安倍晋三首相にとっては、命懸けどころではなかろう。どれほどの抵抗勢力が待ち受けているか、想像する必要すらない。

現に、安倍内閣をはじめ、日本にはトランプの要求にまともに応える体制はない。要路者の誰も、検討すらしている気配がない。それどころか、「トランプは危ない」「わかっていない」の大合唱である。最も蓋然性の高いシナリオだと、「トランプさんがそこまで言うなら、五百億円くらいは負担を増額しましょうか」式の交渉を日本が持ちかけるだろう。

もし、日本政府がこんな話を持ちかけたら、私がトランプなら心の底から日本人を軽蔑する。もしかしたら、日本の世論の鈍感さから、既に軽蔑し始めているかもしれない。そして今頃、既に視界から日本のことなど消えていてもおかしくない。

いじめられっこ根性という言葉がある。いじめられることに慣れ続けると、負け癖がついて、今の環境から抜け出そうとしなくなるのだ。そして、手を差し伸べてくれた友達に対して、最も敵対的になる。

私は本書を読者の気分を良くさせるために書いたのではないし、媚びるつもりもない。言いたいことは、ただ一つ。

悔やしがれ！

本気で悔しがれば、己が何をなすべきかは見えてくる。

吉田松陰先生が高杉晋作に伝えた最期の教えにある。

死して不朽の見込みあらばいつでも死ぬべし。

生きて大業の見込みあらばいつでも生くべし。

命には懸け時がある。だからそのときを見極めるために勉強し、行動せよ。

松陰先生も高杉さんも、もっと学びたいと思いながら齢三十にして命を散らした。それに比べれば私など、まだまだ本気が足りないと思う。

同じ志の読者の方に一人でも多く読んでいただければ幸いである。

同じ志の編集者であるＫＫベストセラーズの川本悟史さん、同じく私のアシスタントチームの山内智恵子さん、能亜佐子さんとともに本書を世に送りだせることを喜びつつ、筆をおく。

倉山 満（くらやま みつる）

1973年、香川県生まれ。憲政史研究家。

1996年、中央大学文学部史学科国史学専攻卒業後、同大学院博士前期課程を修了。在学中より国士舘大学日本政教研究所非常勤研究員を務め、2015年まで日本国憲法を教える。2012年、希望日本研究所所長を務める。著書に、『誰が殺した？日本国憲法！』（講談社）『検証 財務省の近現代史 政治との闘い150年を読む』（光文社）『日本人だけが知らない「本当の世界史」』（PHP研究所）『嘘だらけの日米近現代史』『嘘だらけの日中近現代史』『嘘だらけの日韓近現代史』『保守の心得』『帝国憲法の真実』『嘘だらけの日露近現代史』『嘘だらけの日英近現代史』（いずれも扶桑社）『反日プロパガンダの近現代史』『負けるはずがなかった！大東亜戦争』（いずれもアスペクト）『常識から疑え！山川日本史〈近現代史編〉』（上・下いずれもヒカルランド）『逆にしたらよくわかる教育勅語 -ほんとうは危険思想なんかじゃなかった』（ハート出版）『倉山満が読み解く 太平記の時代ー最強の日本人論・逞しい室町の人々』（青林堂）『大間違いの太平洋戦争』『真・戦争論 世界大戦と危険な半島』（いずれも小社）など多数。現在、ブログ「倉山満の砦」やコンテンツ配信サービス「倉山塾」（https://kurayama.cd-pf.net/）や「チャンネルくらら」（https://www.youtube.com/channel/UCDrXxofz1ClOo9vqwHqflyg）などで積極的に言論活動を行っている。

大間違《おおまちが》いのアメリカ合衆国《がっしゅうこく》

二〇一六年八月五日　初版第一刷発行
二〇一六年八月二〇日　初版第二刷発行

著者　倉山満
発行者　栗原武夫
発行所　KKベストセラーズ
〒170-8457
東京都豊島区南大塚二丁目二九番七号
電話　03-5976-9121（代表）
http://www.kk-bestsellers.com/
印刷所　錦明印刷株式会社
製本所　株式会社フォーネット社
DTP　株式会社アイ・ハブ

ISBN978-4-584-13736-9 C0021